AF542796

Coupons le Câble !

PAR

ANDRÉ LÉO

Il est plus que temps de réaliser le vœu de Voltaire : Écrasons l'infâme !

Il est plus que temps de débarrasser la Vie des exploiteurs de la Mort ! — De délivrer l'homme de l'esclavage et de l'obscurantisme. — Le Vivant de la Momie primitive !

Assez de Barbarie ! — En marche pour l'Ère nouvelle !

Prix : 1 franc

PARIS
LIBRAIRIE FISCHBACHER
Société anonyme
33, RUE DE SEINE, 33
1899

COUPONS LE CABLE!

Coupons le Câble!

PAR

ANDRÉ LÉO

Il est plus que temps de réaliser le vœu de Voltaire : Écrasons l'infâme !
Il est plus que temps de débarrasser la Vie des exploiteurs de la Mort ! — De délivrer l'homme de l'esclavage et de l'obscurantisme. — Le Vivant de la Momie primitive !
Assez de Barbarie ! — En marche pour l'Ère nouvelle !

PARIS
LIBRAIRIE FISCHBACHER
Société anonyme
33, RUE DE SEINE, 33

1899

COUPONS LE CABLE !

Religion signifie lien entre les hommes par le fait d'une croyance commune.

Il y a cependant un grand nombre de religions ; mais pour chaque groupe de croyants, il n'y en a qu'une, la sienne, qu'il nomme par excellence : *La Religion!*

La source de ces conceptions chez l'homme est le besoin de croire, qui s'éveille avant de pouvoir connaître. C'est l'imagination précédant la réflexion et le savoir ; supposant ce qu'on craint et ce qu'on désire ; personnifiant les forces de la Nature, le bien et le mal. Cette tendance générale fut précisée et codifiée par certains intelligents, variant du poète à l'illuminé, de l'éducateur à l'ambitieux, du rêveur au fourbe.

Il en résulta l'institution de systèmes religieux et politiques, liés naturellement l'un à l'autre en vue d'un ordre public, placés sous l'invocation des puissances occultes, que l'on croyait devoir exister, à cause des procédés réguliers et concordants de la Nature.

— De qui procèdent l'ordre et la régularité?

— De l'intelligence, de la volonté.

— L'homme a de l'intelligence, de la volonté; pourtant, il est incapable d'avoir créé et organisé le monde terrestre et céleste. Qui donc l'a pu faire?

— Des êtres bien supérieurs à l'homme, il n'y a pas à en douter!

Ils ne se dirent pas, simples qu'ils étaient, que l'ordre et la régularité n'existent dans la Nature que parce qu'ils sont les conditions de la vie; et que sans eux la vie ne pourrait exister.

Les religions officiellement connues, pour ne parler que des principales, remontent à une antiquité reculée. Ce sont le Paganisme, le Brahmanisme, les mythes égyptiens, la Bible, ou Livre Juif, et le Boudhisme. Celles-ci ont donné lieu à toutes les autres de l'Ere Moderne, comme si la supposition de l'existence des Dieux n'eût pu naître qu'aux premiers temps de l'espèce humaine, et, naturalisée par l'accoutumance, y dût chercher ses racines? Le Christianisme, dont le développement date des IVe et Ve siècles, est fondé sur *la Bible*. Le Mahométisme, au VIIe siècle, s'y rattache par tradition. Et au XVIe siècle, le Protestantisme n'est que la réforme des abus et des excès du *Catholicisme*, qui crut devoir se qualifier *universel*, du moment où il fut scindé. D'autres croyances diverses, peu nombreuses en adhérents, portent le nom de sectes. Le *Fétichisme*, qui attribue une sorte de divinité et une influence heureuse ou malheureuse à certains objets, fut la première de ces superstitions, et dure encore parmi les tribus sauvages.

La loi de cause et d'effet, si vaste, si précise et si générale dans la nature, dominait invinciblement l'esprit de l'homme primitif. Il bâtissait sa demeure; il s'y préparait un lit de feuilles sèches. Il lançait la pierre de sa fronde aux animaux qu'il destinait à sa nourriture; mais assurément ce n'était pas lui qui avait allumé le soleil et les étoiles et construit la voûte des cieux!

Aussi fit-il, de la nature même des choses, une résultante de l'esprit et de la volonté; et voyant l'eau couler sur la pente, l'oiseau s'élever dans l'air, il en fit hommage à des êtres conscients ; après quoi, il acheva de produire ces êtres en leur donnant un nom : ce furent *les Dieux* ! Et il en rêva, et même leur parla, en élevant ses yeux vers le Ciel.

Cependant, il ne les voit pas !... Où sont-ils ?

Alors, une autre idée, ou plutôt une autre supposition, s'ajoute à la première : — Il y a des choses apparentes, sensibles, palpables ; et d'autres qui existent aussi, et que pourtant on ne peut ni voir, ni toucher ! On peut voir et toucher le bois, la pierre, la terre, l'outil, en faire ce qu'on veut. — Cela, c'est la matière. — Mais le son qui passe, la parole qui charme, avertit, parfois épouvante....

qui fait frémir le corps sans le toucher!... la pensée, encore plus subtile, qui voit sans les yeux, crée le fait avant qu'il se produise, conserve le souvenir... le sentiment, qui remplit l'homme et le passionne, le rend délirant de joie ou de fureur, le transporte hors de lui-même, ou le berce doucement,... tout ceci n'est point de même nature!... Cela est plus haut, plus puissant! Cela possède l'homme, au lieu d'en être possédé. Cela, c'est l'Esprit! L'Esprit domine la matière. L'Esprit est Dieu! Et les Dieux sont des Esprits. C'est pour cela qu'on ne les voit pas! Immatériels, Immortels, ils habitent les Cieux immenses. Ils disposent du temps, de l'espace, de la nature et de toutes choses, comme du sort des hommes!

Mais pourquoi ne se laissent-ils pas voir? Pourquoi ne parlent-ils pas? Puisqu'ils ont créé l'Humanité, sans doute, ils s'occupent d'elle? Ils peuvent l'aimer et la secourir! — O Dieux puissants! Aidez-nous! Secourez-nous! Ne soyez pas insensibles à nos souffrances! Guérissez nos maladies! Ecartez de nous votre tonnerre! Faites tomber la proie dans nos filets. Nous vous saluerons et vous bénirons dans nos festins! Votre gloire sera vantée sur la Terre! Montrez-nous enfin votre face! Et faites-nous entendre votre voix!

« N'est-ce pas une chose étrange que les maîtres du Ciel et de la Terre, qui possèdent une puissance sans bornes, dédaignent ainsi leurs créatures? Combien il eût été beau d'entendre retentir sous la voûte céleste la parole divine aux sons éclatants, suaves, ou terribles, dispensant aux hommes les conseils de l'éternelle sagesse, qui eussent enflammé toutes les âmes, fortifié toutes les faiblesses!... Que de fautes évitées ! Que d'erreurs détruites! Que d'affreuses douleurs épargnées aux malheureux humains! Si les Dieux sont les pères de l'humanité, comment peuvent-ils lui refuser leur aide, qui la sauverait? »

Tout cela était évident; mais on eût dit que les Dieux ne comprenaient pas; car ils restaient muets, immobiles, et comme indifférents aux souffrances de l'homme, qui pourtant les invoquait désespérément, dans ses crises morales comme dans ses maladies. — Etaient-ils donc sourds aussi?

Il y avait bien, çà et là, quelques sages, ou prétendus tels, qui donnaient à l'occasion des conseils, indiquaient le bien, ou le mieux, apaisaient les différends. Mais ce n'étaient que des hommes! Et leur savoir était contesté! Ils se trompaient quelquefois. Que savait-on, quand nulle connaissance n'existait encore?

Quelques-uns prétendaient que la vue des Dieux, si grands, si éclatants, incendierait l'homme chétif! que leur parole eût foudroyé son cerveau débile. Déjà leur tonnerre ne suffisait-il pas à terrifier les pauvres humains!

Les Dieux furent enfin touchés de ces désirs curieux et sincères. Un jour, un orage violent éclatait sur la montagne. Et bientôt après, on en vit descendre un solitaire, un sage respecté. Les cheveux hérissés, la face délirante, il se présente au peuple et d'une voix émue, lui fait ce récit : (1)

« Au sommet du mont, parmi les éclairs et les tonnerres, il avait entendu sortir, d'un buisson ardent de mille feux, une voix divine, qui lui avait communiqué ses lois, en le chargeant de les transmettre au peuple ! »

Il n'avait pas achevé que déjà le peuple s'était prosterné pour les entendre !

Et les tables de la Loi, sous la dictée du sage, avaient été écrites, puis renfermées dans un sanctuaire. Un des premiers articles était l'institution d'une tribu sacrée, ointe de certaines huiles, sacrées également, laquelle tribu, inspirée des Dieux, leur servirait d'intermédiaire avec l'homme.

La royauté divine était fondée ! Elle avait ses lois et ses interprètes !

Ce fut une joie folle et des réjouissances publiques !...

Aux jours où nous sommes, tant de crédulité paraît impossible ! — Elle est historique ! — C'était aux premiers temps connus, à quelque 50 siècles de distance actuelle — Mais ne trouverait-on pas encore, en des coins isolés, des crédulités pareilles? — Que dis-je?... Ces crédulités même ne nous sont-elles pas enseignées à tous dès l'enfance? Et la ténacité sacerdotale n'a-t-elle pas accompli ce miracle, vrai, quoique incroyable, de propager et

(1) *Moïse et le Sinaï.* Il dut se passer ailleurs des faits analogues, de la part de civilisateurs, qui n'eussent pu agir autrement sur un peuple superstitieux.

d'infuser, depuis tant de milliers d'années, l'insanité native des primitifs dans le cerveau des hommes d'aujourd'hui?...

L'homme naît enfant, le cerveau débile; mais plein d'innéités qui ne demandent qu'à se développer en pleine lumière; et nous, majeurs, mais infestés déjà par l'opération infâme, légers, inconscients pour la plupart, dans le flux de contradictions qui nous entourent, ne laissons-nous pas souiller la page blanche et pure des cerveaux enfantins qui nous sont confiés, par la tache d'ombre, indélébile, de l'époque barbare — qui les engourdira peut-être à jamais?

Le mutisme des Dieux avait enfanté les prophètes et les prêtres. Ceux-ci, pour se rendre plus sacrés, et presque invisibles aux yeux du vulgaire, se retirèrent dans les temples, et firent choix d'un agent extérieur, nécessaire pour conduire le peuple, et faire exécuter leurs desseins. Ils le prirent dans l'ordre des guerriers, seconde classe de l'Etat. Au-dessous des temples, ou à côté, se voit le palais du roi, entouré des guerriers, qu'il conduit au besoin à la défense ou à la conquête, et qui forment sa cour, avec les principaux de l'Etat : généraux, ministres, princes, conseillers, favoris, juges, administrateurs, courtisans, visiteurs illustres. Là, circule et parade tout privilégié de naissance, tout intrigant habile, tout *chantre divin ;* les serviteurs distingués qui approchent le roi, qui exécutent ses ordres, et transmettent ses commandements. Toute une aristocratie! — Au-dessous de ceux-là, dans les villes, commerçants, artistes, industriels, chargés de pourvoir aux besoins et aux fantaisies de tous ces oisifs. Et enfin, le gros du peuple, qui travaille pour tous. — La pyramide éternelle!

Chez les peuples primitifs, tous les premiers gouvernements sont théocratiques; mais à mesure que l'action extérieure devient plus active et plus étendue, plus orageuse parfois, le gouvernement des prêtres s'efface devant le héros, le conquérant. Abrité dans le temple, allié successif de tous les pouvoirs, quels qu'ils soient, satisfait de gouverner sans périls et sans défaites, mais gouvernant toujours... Arbitre nécessaire, conseiller intime, oracle écouté, car il dispose du peuple, le prêtre reste inviolable et sacré.

Les deux principes se complètent l'un l'autre; ils sont inséparables dans le passé. On voit des rois incroyants; on n'en voit pas qui se dispensent d'honorer et de défendre le prêtre et *la religion*. L'immuable, le prêtre, accepte forcément la chute du roi, mais il n'aspire qu'à le remplacer par un autre, même par *plusieurs* s'il le faut, comme dans les républiques aristocratiques; toutefois, *un* roi, c'est le plus sûr. C'est au moins la paix et l'ignorance populaire pour une vie d'homme.

Les théologiens préconisent comme un grand progrès l'unité de Dieu. En effet, elle est le couronnement de l'idée hiérarchique. La pluralité des Dieux, comme celle des rois, engendre la discorde parmi leurs interprètes et leurs favoris. L'unité de Dieu c'est la monarchie absolue — une grande force de plus pour les arrêts divins et royaux. Ce fut l'idolâtrie qui fit la monarchie, laquelle est encore une idolâtrie chez ses fervents. Qui attaque un de ces pouvoirs, attaque bientôt l'autre. Notre XVIIIe siècle mena l'attaque parallèlement. Il y a du Dieu dans le monarque; et c'est pour cela que l'humanité presque entière a souffert pendant tant de siècles, et souffre encore, dans sa chair et dans son âme, les sujétions les plus viles et les plus cruelles; respectant dans le monstre la volonté indiscutable du Dieu. Ensemble, ils commencent l'histoire, et, grâce à une politique habile, grâce à l'ignorante crédulité des peuples, aujourd'hui encore ils sont unis.

L'histoire écrite s'ouvre, pareille à un théâtre au lever du rideau, sur des civilisations déjà vieilles, placées sous le joug théocratique. Ce qu'on y voit au premier plan, ce sont les temples de Thèbes, de Memphis, d'Eleusis, de Delphes, etc., habités par des prêtres-rois, qui gouvernent les peuples courbés et soumis.

Leur gouvernement est une monarchie hiérarchique.

La hiérarchie est une sorte de chaîne de commandement, qui part du prêtre-Dieu pour descendre au peuple. Chacun de ses anneaux représente à la fois un degré de pouvoir en bas, et de sujétion en haut. Le supérieur est sur votre tête et l'inférieur sous vos pieds. Ainsi le commandement et le servage s'entremêlent dans l'homme pour le salut de l'Etat et la gloire du chef. C'est l'art de réduire à une seule volonté les volontés générales, de pétrifier l'intelligence et les sentiments naturels à l'espèce humaine. Pas un chaînon n'exécute un faux mouvement que le grand chef n'en soit averti. Immédiatement précipité à terre, on le remplace par un autre. C'est ainsi que sont liées étroitement les forces aristocratiques, tandis que les forces populaires, éparses et incohérentes, ne s'agglomèrent que momentanément, par de fortes secousses, renversant tout... jusqu'à ce que la machine relevée de nouveau fonctionne. Organisme parfait, qui pourtant s'use à la longue, combattu par les forces naturelles. — Celles-ci ne vaincront que lorsque la machine sera brisée — et surtout *remplacée* par un ordre tout différent ; lorsque cette pyramide, chère à l'Orient, surmontée de l'Idole, ne subsistera plus, et que la foule délivrée s'associera fraternellement pour fertiliser la plaine.

Souvent, en effet, le peuple a voulu se ressaisir. Mais, lui, ne s'entend pas aux machines ; il est ignorant. Il rêve de fraternité ; mais n'a pu, dans sa misère, la pratiquer, ni l'organiser. Il s'éveille ; mais ne sait pas encore s'orienter. C'est pourquoi la hiérarchie dure depuis le monde connu, et se rétablit sans cesse, après qu'on l'a ébranlée. Le peuple ne pourra s'entendre qu'en se groupant en de grandes familles, ou petites communes, qu'il gouvernera par lui-même aisément, associé par le travail et par la connaissance, dans la justice ; relié par la vapeur et le télégraphe à tous les autres groupes de la même nation, de même qu'aux nations voisines; développé dans toutes ses aptitudes, penseur et travailleur — après avoir aboli les monstres qui ont jusqu'ici dévoré l'humanité : *l'autorité* et *la guerre*; et jouissant de la vie, dans la paix et la liberté.

Alors seulement, sur cette échelle maudite, qui fut appelée *l'Ordre*, on ne verra plus grimper des acharnés, dont les pugilats féroces couvrent le sol de victimes. On ne poignardera plus; on ne massacrera plus. Il n'y aura plus de mensonges, d'hypocrisies, de fureurs, de regards de haines échangés entre les hommes; mais des sourires fraternels; car il n'y aura qu'un même intérêt pour tous, et l'on pourra s'aimer !

Dans l'antiquité la plus reculée, en Inde, en Egypte, partout, le peuple n'a pas d'histoire, et cependant il est loin d'être heureux! — L'éternel fellah bâtit les pyramides, et reçoit des oignons pour récompense. Hérodote nous apprend qu'une loi défend à l'homme du peuple égyptien de quitter son pays, *parce qu'il doit toujours se tenir à la disposition de l'Etat, qui peut le réclamer à tout moment, soit dans la paix, soit dans la guerre.* — L'Egypte était divisée en districts autour de chaque temple — Les prêtres réglaient non seulement la vie publique des rois; mais aussi leur vie privée. — Dans les festins, un esclave promenait autour de la table un cercueil, contenant l'image d'un cadavre parfaitement imité et le montrait à chacun des convives, en lui disant : — C'est ainsi que vous serez après votre mort! — Les magistrats étaient nommés par les prêtres. — Quant à l'art égyptien, c'est la grandeur, dans le sens d'énormité, qui domine ; toute innovation était interdite. Et, sans plus de détails, copions cette phrase d'un historien peu critique : « L'immobilité est le principal caractère des gouvernements théocratiques. »

Dans l'Inde, à laquelle ce jugement est applicable aussi, autrefois gouvernée par les Brahmines, aujourd'hui, sous la domination des marchands anglais, grâce à la persistance de la religion, les mœurs et les croyances sont les mêmes qu'aux premiers temps : le paria se prosterne toujours à plat ventre devant le Brahmine qu'il rencontre. La domination du prêtre a pétrifié, on dirait à jamais, ces deux vastes contrées. Depuis huit mille ans et plus, ni l'Egyptien, ni l'Indou n'ont retrouvé *la moitié de leur âme.* Et combien d'autres peuples sont, pour les mêmes causes, dans la même inertie? Le prêtre n'est pas seulement stérile, il est stérilisateur. Pour avoir eu des Dieux, et, quoique branlants, tenant encore, le monde humain a végété et végète toujours! Les peuples surtout sont immolés en masse à la sainte hiérarchie! Et cela se conçoit à merveille. Le Dieu, étant parfait, n'a pas à progresser. L'homme, de nature progressive, doit se fossiliser, ou rompre avec la Divinité.

La Grèce et Rome eurent l'avantage de ne connaître que le paganisme. Les Dieux païens représentant les forces de la vie, ne sont en réalité que de joyeux hommes, très proches de l'Humanité, (comme d'ailleurs tous les Dieux, en bien ou en mal). Ils prêtent leur aide aux héros dans l'embarras, sont amoureux des femmes, et mêlent volontiers les deux races, témoins tant de Demi-Dieux. Leurs prêtres sont fonctionnaires de l'Etat, soumis à l'élection populaire, époux, pères et citoyens. Grave différence avec les nôtres !

N'oublions pas cependant qu'en Grèce, Socrate but la ciguë. Ce n'est du moins qu'un fait isolé dans cette Grèce philosophique.

A l'époque des Césars, quand sombra la vieille Rome, envahie de toutes parts et sous toutes les formes par les nations qu'elle avait soumises, l'esprit âpre de l'Orient la pénétrait. A force de consommer des légions dans l'éternelle guerre, elle s'était vue contrainte d'armer pour sa propre défense les peuples vaincus. Après avoir pillé la terre entière, elle avait noyé dans l'excès des richesses toute sa force et sa vertu. Maîtresse du monde connu, elle était tombée sous le joug plus ou moins indigne des Empereurs.

Les vieux soldats romains, las de guerroyer, absents de leurs foyers depuis des lustres, veulent enfin goûter les délices de la ville souveraine qu'ils ont enrichie — tandis que les légions barbares, au service de Rome, veulent, à leur tour, gouverner leurs vainqueurs, et ramènent de Gaule ou de Pannonie, des empereurs élus par elles, qu'elles intronisent. De Tibère à Caligula et Néron, de Julie à Messaline et Agrippine, Rome épouvante le monde de ses meurtres et de ses débauches.

Dans ce gouffre central, où toutes les nations se

confondent, il reste encore, malgré tout, un peu de sang pur, un peu de respect et de sentiment humain parmi les hommes. Le phénomène puissant de la conscience grâce auquel l'indignation du crime produit l'amour de la vertu, et l'horreur enfante une pitié énergique et vengeresse, éclate sur les ruines mêmes du charnier romain. Le mouvement grossit, se répand, déborde. Le peuple, la femme, l'enfant, le pauvre, ont été foulés aux pieds, huit siècles durant !... On les relève, on les groupe, on leur offre des asiles, des vêtements, des banquets, où ils sont servis par les riches eux-mêmes ! L'enfant est choyé ; le malade guéri ; l'homme et la femme fraternisent — Après tant d'oppression et de barbarie, c'est un élan de communisme, de vraie religion humaine!... — On dit que le monde va finir?... Eh bien, assez d'horreurs criminelles! Soyons purs et bons au regard de l'éternelle Justice ! L'esclave vaut le maître! Et bien plus, car il a souffert!

Des philosophes, revenus de l'Orient, prêchent le Boudhisme, l'immortalité des âmes purifiées. Des hommes pieux, qu'on appelle bien à tort les pères de l'Eglise : Saint-Chrysostôme, Saint-Grégoire de Nazianze, etc... foudroient les excès des riches et des puissants, parlent de l'égalité des hommes, et prêchent un ordre nouveau, qui n'est autre que le socialisme, la fraternité *effective* des humains.

Il y eut des scandales, affirme-t-on, entre ceux qui s'appelaient frères et sœurs. Le socialisme actuel a vu s'élever contre lui des accusations pareilles. Rien de très grave sans doute au milieu de ce grand élan? Mais toute innovation, fût-elle dix fois sainte, doit être parfaite, ou condamnée, en face des débordements publics d'un monde vicieux! Ces gens agissaient de leur propre impulsion, en vue d'une vie supérieure, et peu attentifs aux formalités, se contentaient de leur propre juridiction! C'était scandaleux! Et des hommes, nés prêtres, se hâtèrent d'y mettre ordre.

On sait quel chaos d'ambitions démesurées agitait alors le monde romain. Rien de plus naturel que des gens hardis et ambitieux entreprissent la fondation d'une religion nouvelle, quand la religion païenne n'était plus apte à dominer le courant établi. Un de ces hommes du moins nous est donné par l'histoire : Saul, persécuteur des chrétiens, devenu l'apôtre Paul. Il n'entendit sur le chemin de Damas d'autre voix que celle de sa propre réflexion : le paganisme était usé, et désormais sans vigueur. Une croyance nouvelle, plus élevée et plus sévère, pouvait seule satisfaire les âmes ardentes, et relever les âmes déchues. C'était un homme sec et roide, net et violent; un jacobin d'avant les clubs. Il se retourna de suite, et refit, cimenta à sa manière l'idée qu'il venait de combattre,

Sous l'empire de César-Auguste, un prophète juif nommé Jésus, avait prêché dans la Judée contre les abus des Pharisiens et des princes des prêtres. Il guérissait les malades qui avaient foi en lui; et même, assurait-on, ressuscitait les morts!

Les Pharisiens (Jésuites de ce temps-là) le firent mettre en croix.

Il ne manquait pas alors de prophètes qui, de même que Jésus, prêchaient la fin du monde et la venue d'un Messie ardemment attendu. Jésus parlait aussi contre les riches, aimait les pauvres, les humbles et les enfants. Mais, Juif de la religion de Moïse, il croyait au démon et à l'Enfer. Il y fait allusion plusieurs fois dans l'Evangile, s'adressant aux Pharisiens.

« Serpents ! race de vipères ! comment pourriez-vous éviter d'être condamnés au feu de l'Enfer ? — C'est là qu'il y aura des pleurs et des grincements de dents ! »

Ailleurs, parlant encore de l'Enfer, il dit : « Un feu qui ne s'éteindra jamais. »

Il s'appelle lui-même, tantôt *fils de Dieu*, tantôt *fils de l'homme;* et parle souvent de son *Père, qui est aux Cieux*. Prophète parmi les prophètes, crucifié parmi les crucifiés, l'histoire n'a point écrit son nom. Ce n'était qu'un innocent sacrifié de plus ou de moins; et le nombre en était grand alors, s'il est vrai que Titus, surnommé les *Délices du monde*, après avoir pris Jérusalem, fit crucifier 70.000 Juifs, pour les punir d'avoir défendu leur ville !

On cite un passage d'un historien peu connu, Josèphe, parlant de Jésus ; passage qu'on dit avoir été plus tard intercalé. On assure que les quatre Evangiles de ses disciples : Mathieu, Marc, Luc et Jean, ne furent publiés que longtemps après, dans le second, ou troisième siècle? — Qu'importe? En certains faits, justiciables surtout du raisonnement et de la conscience, les dates sont secondaires. Il est hors de doute que la doctrine de Jésus convint à des prêtres pour établir une religion nouvelle sur la tradition biblique. Cette doctrine se prêtait non seulement aux sentiments plus élevés où le monde semblait vouloir se jeter, comme dans un refuge, et aux vengeances terribles du Dieu de la Bible, contre les coupables. Elle avait des ambiguïtés qui pouvaient donner lieu à de nombreuses interprétations. Et quant au merveilleux exigé pour toute religion extra-terrestre, quant au changement du prophète en fils de Dieu, le terrain était préparé depuis longtemps, par les incarnations fréquentes des Dieux Olympiens. Elle satisfaisait enfin à la morale plus saine et plus sévère, importée de l'Orient par les philosophes d'alors; plus dogmatique et plus sombre, elle donnait aux chefs du mouvement un outil de gouvernement plus sérieux et toute l'autorité nécessaire à des réformateurs.

La religion du Nazaréen se propagea donc sous la répulsion excitée par les orgies et les désordres de l'Empire. Et ses chefs eurent bientôt fait d'acquérir l'appui des Empereurs et des Rois : certains de ses évêques tinrent en respect les chefs barbares, envahisseurs de l'Italie; Constantin Ier accueillit le christianisme comme une force politique; et déjà, agissant par le moyen des femmes, après avoir fait épouser à Clovis, roi des Francs, une princesse chrétienne, ils baptisèrent le roi lui-même.

« Courbe la tête! fier Sicambre! » Tout l'orgueil du prêtre chrétien est dans cette parole! A partir de ce moment, ils tenaient la France... et ne la lâchèrent plus!

Les crimes de l'odieuse dynastie Mérovingienne se commirent à leur ombre. Les dynasties suivantes ne furent pas beaucoup plus respectables. Mais le nom de la religion chrétienne, celle dont ils étaient les prêtres, s'y attachait! Ils firent sacrer Charlemagne empereur d'Occident, par le pape Léon III, chef de l'Eglise nouvelle!...

Grand triomphe! Tout, dans les commencements de cette Eglise, comme par la suite, porte l'empreinte de l'autorité et de l'ambition. Pour prix de ces honneurs, Charlemagne opére par le fer et le feu la conversion des Saxons à l'Evangile, et transporte ce malheureux peuple, comme un troupeau, hors de son pays natal.

Désormais, et de nouveau, les prêtres sont liés aux rois, comme les rois avec les prêtres. Echange complet de vues; association parfaite. Pour la religion contre la société, les continuateurs du prophète Nazaréen acceptent tout : extermination de peuples, meurtre des individus gênants, guerres de conquête, servage populaire, brigandages de toutes sortes, et de même la fornication des grands, l'adultère des souverains. Soit conscience, soit ambition, on en voit parmi eux quelques-uns qui détonnent dans l'ensemble; mais la chose est rare! Inexorables pour les petits et les faibles, vis-à-vis des grands, ils indulgent les fautes royales et jettent sur elles des voiles complaisants — O Jésus ! ennemi des Pharisiens !

II

D'après l'opinion vulgaire, qui suppose volontiers que le progrès s'accroît de lui-même, avec le temps — et à laquelle on ne peut opposer qu'une objection : c'est que le progrès a pour facteur l'homme, ses idées, ses institutions et leur engrenage. Ce qu'on a appelé l'Ere moderne et qui prolonge parfaitement l'Ere barbare, eût dû être une réaction contre l'ère ancienne : plus humaine, plus savante, plus paisible, moins cruelle. Elle ne l'a pas été. Et tout en comprenant la gravité, l'importance du jugement, que pourtant j'oserai prononcer, ce fut *à cause de sa religion*.

Cependant, elle était partie d'un grand élan, d'une réaction véritable ! Qu'on lise ceux qu'on prétend être les pères de l'Eglise ! Mais cet élan même fut sévèrement réprimé par saint Paul. Il y avait Jésus portant avec lui la Bible ; il prit la Bible d'abord, et Jésus ensuite, y joignant sa brutalité native, et le souffle d'ambition furieuse qui remplissait l'air autour de lui. Né à Rome, le Christianisme eut son siège à Rome, où il recueillit les derniers relents de l'Empire.

Avant tout, remarquons une chose : Aucune des religions présentes et passées n'a empêché, ni condamné, le forfait le plus grand qui puisse exister dans l'humanité, contre elle-même : la Guerre.

Toutes les religions ont cette toquade, assez fâcheuse, de contempler obstinément le Ciel, sans daigner abaisser leurs regards sur la Terre — du moins en principe. — La religion est tout pour l'Humanité ; si bien que l'Humanité n'est rien pour elle-même. L'homme n'a rien de sacré pour l'homme !

Dans la première période de l'histoire, on voit les rois — même les reines — quand ils ont suffisamment pressuré leurs peuples, se mettre à leur tête pour les conduire au pillage des peuples voisins. Il va sans dire que pillage implique massacre. L'histoire n'est guère autre chose que la nomenclature de ces ruées et de ces bouleversements, accompagnés des noms glorieux, désormais consacrés, des grands tueurs, que nous inscrivons pieusement dans notre mémoire et dans celle de nos enfants. Dans l'Asie Mineure, en Afrique, en même temps que s'effondrent, ou s'élèvent, les grands empires, les autels ruissellent de sang humain et les prêtres des temples donnent le spectacle de furieuses orgies. Les druides, en Gaule, et probablement toutes les religions antiques, sacrifient des victimes humaines à leurs Dieux. La Bible, fameuse en égorgements, n'épargne ni femmes, ni enfants. Rome épand sur le monde son champ de bataille et finit par s'égorger elle-même. On se poignarde au Sénat et sur la place publique ; de l'esclave, du prisonnier, on fait des gladiateurs. Et quand les hommes manquent, on s'en prend aux animaux : lions, éléphants, tigres... spectacles dignes des féroces qui les contemplent, et qui rugissent de plaisir ! Il y a des hommes amoureux de *gloire*, qui aspirent à commander ce monde, où le sang rouge coule plus abondant que la rosée; et dans les guerres civiles qui commencent à Sylla, des deux côtés, c'est le sang romain qui rougit la terre. Après le grand duel entre César et Pompée, on fit à Rome un nouveau recensement des citoyens. Antérieurement, on y comptait *320.000* citoyens; après il ne s'en trouva plus que *130.000*, tant la guerre civile avait été meurtrière pour Rome, tant elle avait moissonné de citoyens, sans compter tous les meurtres et fléaux dont elle avait affligé le reste de l'Italie, et les provinces! (1)

Et ensuite?... On recommença ! Ne semble-t-il pas qu'il n'y ait, dans ces religions anciennes, aucune intention de moralisation humaine. C'est une simple superstition; un besoin d'invocation, de poésie, de lyrisme. On trouve pourtant des punitions aux Enfers, et quelques vengeances des Dieux sur la Terre. En Grèce et à Rome, les prêtres sont intermédiaires; mais pour l'ordre plus que pour la conscience intime. On essaie par eux de connaître l'avenir. — Le culte des mânes est familial.

Quoi qu'il en soit, depuis l'Humanité immémorée, depuis le seuil de l'histoire écrite, des temples de Delphes et d'Eleusis, jusqu'aux tours de Notre-Dame et aux colonnes de la Madeleine, les prêtres, discrètement ou violemment, gouvernent le monde.

(1) Plutarque (*Vie de César*, tome III, 445.)

Et ce monde est effroyable! Partout, guerre, massacre et trahison, excès et crimes des grands, écrasement des faibles. C'est de la Gloire! L'Humanité tout entière est piétinée par quelques hommes! Toute initiative étouffée, tout progrès interdit. La division et l'intrigue présidant au gouvernement, et l'arbitraire exigeant l'obéissance. Traversons les autels sanglants et les mystères asiatiques, ou africains, les massacres bibliques, les augures Grecs et Romains; enjambons les guerres religieuses de l'Ère Moderne, les cachots du Saint-Office et ses chambres de torture; l'inquisition, les bûchers, les tueries des Pastoureaux, des Albigeois, des Vaudois, des Huguenots; la persécution contre les Juifs et les hérétiques; c'est-à-dire de tout ce qui n'accepte pas, exactement, les mots et les préceptes de la caste cléricale. Ecoutez, dans ce monde horrible, affolé de haine, les cris de ceux que tord la douleur! passons sur les atrocités des guerres vendéennes, et arrivons enfin à nos dernières pages en ce siècle de tr[illegible]isons et de massacres : *1815, 1830, 1848, 1851, 1*[illegible] *et 1871*,.. les infamies d'hier, d'aujourd'hui, de demain peut-être?... Et maudissons la morale divine aux mains du prêtre!

C'est par dizaines que les siècles se sont écoulés en guerres atroces, implacables, des hommes les uns contre les autres, tout en invoquant de chaque part la faveur des Dieux!... Et regardez : ce sont toujours les mêmes *hommes*, ceux qui nous sont apparus à l'ouverture de l'histoire, assis au seuil des temples, ces précurseurs, majestueux et calmes, tandis qu'autour d'eux les peuples obéissants rampent dans l'ignorance et dans la misère. Mais dès que l'homme s'est lassé d'obéir, et de mourir pour ses maîtres, aussitôt le sang a coulé! C'est alors qu'ont été forgés les appareils de tortures!

Ces hommes représentent Dieu, le maître du Ciel et de la Terre; n'ont-ils pas tous les droits? Cette caste infaillible est chargée de deviner les intentions divines et de les imposer au reste des hommes — voire à Dieu lui-même, qui, toujours muet et tranquille, n'a jamais infirmé leurs décisions!

Honorez-les! Ils seront doux et onctueux. Mais si vous voulez juger leur caractère et leur gouvernement, lisez l'histoire! C'est à eux que nous devons la société actuelle, la société hiérarchique, bâtie par eux, et dont nous jouissons encore! *Hièro* signifie *chose de prêtre, chose sacrée!* — Ne serait-il pas temps de la réviser?

C'est dans les guerres de religion, fomentées par eux, que toute leur exubérance éclate. Les XIe, XIIe, et XIIIe siècles, en France, sont ensanglantés par le massacre des Albigeois, qui osent ne pas se conformer à toutes les décisions des conciles, et croient posséder une conscience libre. Ce pays était un des plus beaux et des plus riches de la France. Il fut anéanti, noyé dans le sang de ses habitants.

Au XIIIe siècle, sous le même prétexte, on extermine les Vaudois, habitants des belles vallées provençales, peuple doux et laborieux, de mœurs pures. Ceux qui échappèrent aux tueries, désertèrent la France, et allèrent s'établir en Piémont, privant la patrie française d'au moins 20.000 citoyens dignes et paisibles. Les pays qui nous avoisinent sont peuplés des victimes de notre clergé catholique : la Suisse, les bords du Rhin, certaines contrées de l'Allemagne, les Pays-Bas!...

Ce qui fait de l'ère moderne une des époques les plus tristes de l'histoire, et tout autre chose qu'un progrès moral, ce sont les cruautés religieuses ! La passion y atteint dans l'horreur ses dernières limites. A cet âge, l'Humanité eût dû grandir et fructifier, comme tout ce qui vit dans la nature, par les premières découvertes de la science, par le génie de ses enfants, l'étude de plus de justice ; par l'amour idéalisé dans la fraternité universelle. Mais elle fut arrêtée, épouvantée, détournée d'elle-même et de ses voies, pour s'appliquer à l'amour d'un fantoche haineux, puéril et méchant, qui interdit tout amour et toute recherche en dehors de lui, excite l'homme à renoncer à la vie terrestre, l'emmure dans la nuit, vide son cœur de toute affection humaine et lui fait renier sa propre nature! Des siècles passent dans cet étouffement.

Dès qu'on ose parler de réformes, de liberté, tout s'ébranle, se rue, entre en fureur ! C'est à partir du Christianisme qu'on voit de telles guerres, sous la conduite de chefs abominables, évêques ou seigneurs, les hommes, transformés en bêtes féroces, se baigner avec une joie furieuse dans le sang de leurs adversaires ! C'est alors que retentit l'affreuse parole : — Tuez tout, Dieu reconnaîtra les siens !...

Au XIVe siècle, l'exubérance du Catholicisme, les décisions bizarres de ses conciles, ses excès de pouvoir, ses dogmes extravagants, la prétention obstinée d'arracher l'homme à sa propre vie, excitèrent de vives protestations en Angleterre, en Bavière, en France. On attaquait l'étrange composition du Dieu unique en trois personnes, la confession, et surtout l'Eucharistie. Quoi, le Créateur des mondes et de l'Humanité se réduirait à la capacité d'une pilule pour s'introduire dans la bouche et les entrailles de sa créature. Quelle bouffonnerie! et quelles conséquences! N'était-ce pas manquer de respect à Dieu! On refusait de comprendre et d'accepter de telles choses! Le *protestant* éclairé, sage, se séparait du troupeau chrétien. Il accusait Rome d'impiété, de folie, tout au moins d'insanité, et n'avait pas tort. Etait-on obligé de soumettre à de pareils dogmes la hauteur de sa conscience ? Non assurément ! Et pourquoi, d'autre part, le prêtre renoncerait-il à la vie complète, à la famille, instituée par Dieu même au jour de la création? La religion ne pouvait impliquer le dédain de la Vie et de la Nature, œuvres divines! On attaquait en outre le trafic honteux des indulgences; les vœux monastiques, etc...

Ainsi parlaient Wiclef en Angleterre, Jean Huss et Luther en Allemagne, Calvin en France, et Michel Servet l'Aragonnais, autour desquels le sens commun et la dignité humaine augmentaient chaque jour le nombre des disciples. De grandes disputes éclatèrent; de gros livres furent écrits; les bulles papales fulminèrent, on les brûla. De leur côté, les catholiques apprêtèrent leurs armes et leurs bûchers. En France, sous la régence de Catherine de Médicis, le parlement porta peine de mort contre les hérétiques; la Sorbonne, sans examen des doctrines, les condamna. On défendit les prêches dans les campagnes, et les bûchers s'allumèrent à Paris, à Toulouse, à Montpellier.

Tout le Nord de l'Europe et une partie de la Suisse et de l'Allemagne étaient du parti de la Réforme. La France resta catholique, avec l'Espagne et l'Italie, pour des motifs politiques et personnels. Ce fut pour elle un grand malheur; elle restait inféodée au fanatisme, au servilisme de la pensée et de l'action, et allait au-devant des troubles et des trahisons, auxquels elle est encore soumise! Les protestants étaient sur la voie de l'examen, de la liberté de l'esprit humain, qui nous eût ouvert des routes plus faciles et plus promptes. Le parti protestant était en France très fort et très nombreux; il fut héroïque. Il faillit l'emporter et ne fut vaincu que par l'excès du crime.

Au commencement de la guerre contre les Huguenots, des bûchers furent élevés dans Paris, flambant comme en Espagne et dans les Flandres.

Ce fut aux lueurs de ces bûchers que se forma, sous la conduite de l'Espagnol Ignace de Loyala, cette *Compagnie de Jésus* qui, pour continuer le règne de la Foi, jura d'employer *tous les moyens:* le mensonge en actes et en paroles, le meurtre, l'empoisonnement, la trahison, la calomnie, sous cet axiome : *la fin justifie les moyens*. C'est l'autorisation de tous les faux et de tous les crimes.

« Pendant un mois, dit un historien, on ne fit que décapiter, pendre ou noyer. » Le chancelier Olivier de l'Hôpital en mourut d'horreur. Il criait au cardinal de Guise dans son agonie : « Cardinal! par toi, nous voilà damnés! »

Michel de l'Hôpital, son successeur, parvint à empêcher qu'on établît en France le tribunal de l'Inquisition, qui fonctionnait dans presque toutes les villes de l'Espagne. Depuis le massacre de Vassy (1), en 1562, jusqu'à l'intronisation d'Henry IV dans Paris, en 1594, après qu'il eut consenti d'embrasser la religion catholique, ce fut une guerre civile atroce de 32 ans, interrompue par des trêves, mais presque aussitôt recommencée, dont l'acte le plus célèbre est la tuerie nocturne du 24 août 1572, la Saint-Barthélemy ! Même fut elle continuée sourdement pendant tout le règne de Henry IV, par de continuels complots catholiques, jusqu'à l'assassinat du roi. Henry IV, ancien protestant, avait publié un édit (l'Edit de Nantes), grâce auquel les protestants pourraient vivre en paix dans leur patrie, en y pratiquant leur religion. Une telle infamie pouvait-elle être soufferte? — Il avait en même temps permis aux Jésuites de rentrer en France. Et ce fut Ravaillac, un des leurs, qui l'assassina!

Il faut rendre justice à tous les ordres : c'était un

(1) Opéré par le duc de Guise dans un temple protestant.

dominicain, Jacques Clément, qui avait poignardé le roi précédent, Henri III.

Soixante-quinze ans plus tard, le petit-fils de Henry IV, Louis XIV, révoquait l'Edit de Nantes! Ce Louis XIV, qu'on osa appeler *grand*, parce qu'il avait attiré à lui toute la substance de son peuple, en l'épuisant jusqu'à la mort, par ses cruelles et égoïstes magnificences! — Quand ce roi absolu et inintelligent, cédant aux instances de ses confesseurs, Bossuet et Massillon, organes du parti catholique, osa révoquer l'Edit de Henri IV et refuser aux protestants l'exercice paisible de leur religion, il acheva dans sa vieillesse tout le mal qu'il avait fait à la France pendant sa longue vie. On estime à 300.000 ceux qui s'expatrièrent, emportant à l'étranger leurs forces, leur génie, leurs secrets d'industrie et leur activité bienfaisante. Ces hommes, qui avaient combattu pour la liberté de conscience contre la servilité de l'esprit, étaient naturellement, pour la plupart, l'élite de la Nation. Ils pouvaient difficilement, à cette époque, aller plus loin dans le libre examen ; mais ils l'acceptaient et c'était déjà beaucoup de ne plus vouloir croupir en des croyances irraisonnées. Pour cela, ils avaient tout sacrifié : leurs positions dans l'Etat, leur vie, leurs richesses! Ils avaient le beau rôle contre leurs persécuteurs. Ralliés par Henri IV, mais toujours suspects aux catholiques, et sans cesse inquiétés, ils avaient dirigé leur intelligence et leur action vers l'industrie, les arts, le commerce, comprenant bien qu'ils étaient trop peu en faveur pour occuper des fonctions dans l'Etat. Plusieurs d'entre eux, cependant, avaient brillamment servi la France. Duquesne, la Force, Châtillon, Turenne, le Maréchal de Rantzau, Gassion, étaient protestants.

Ceux qui forcément, par pauvreté, restèrent en France, humiliés, découragés, durent traiter leur patrie de marâtre. Et combien parmi les exilés bannis sans être coupables, naturalisés depuis à l'étranger, durent-ils, à regret, employer leurs armes contre l'ancienne patrie, qu'ils eussent honorée et défendue?

On pourrait évaluer aisément, et le chiffre en serait formidable, ce que le catholicisme a coûté à la France. Quant à ce qu'il lui a donné, j'avoue ne pas le savoir, si ce n'est le défaut de hardiesse dans les œuvres de l'esprit, l'entêtement dans l'habitude, l'inquiétude dans la décision, la soumission trop facile, la férocité militaire et l'immoralité jésuitique.

Voici plus de huit mille ans que les prêtres gouvernent l'homme, et que plus la lumière s'étend sur le monde, plus ils s'attachent à pétrifier le cerveau humain par le mensonge et l'absurdité. Par eux, toutes les formes du progrès ont été successivement combattues : l'imprimerie, le livre, le scalpel, l'étude hors la Bible, l'Evangile et la vie des Saints, pleins de miracles. De même, la parole libre et l'association des hommes, hors des chaires ecclésiastiques et des couvents. De même, la science, la maudite qui ne s'arrête jamais! La raison et la justice, qui nient le Dieu du prêtre. Ce Dieu tyran, cruel et jaloux qui venge sur les enfants les fautes des pères, qui se plaît aux souffrances de l'homme; qui n'a pour élus que ceux qui pratiquent l'obéissance aveugle, et livre à des tourments éternels le reste de l'Humanité. Le Dieu immuable, qui baisse à mesure que l'homme grandit, et qui, toujours offert en modèle, est devenu, pour celui qu'on prétend sa créature, une cause d'idiotisme et d'abaissement!...

Que peut-il résulter de ce livre primitif et barbare, sinon une religion sauvage et cruelle? Que sera le prêtre qui s'en inspire et l'étudie dévotement? Dans l'histoire moderne, les nombreuses guerres religieuses sont excitées et conduites par des prêtres en fureur. Il leur est défendu de guerroyer par eux-mêmes et de *répandre le sang*. On voit un évêque se servir d'une massue pour assommer l'hérétique sans manquer au précepte! Le Dieu de la Bible, maître en l'art de la guerre, n'a-t-il pas ordonné d'exterminer les petits enfants en les écrasant contre la pierre? Le massacre est donc une loi religieuse et sainte! Il faut détruire celui qui ne croit pas ce que nous croyons, et toute sa race avec lui!

Le prêtre qui croit aussi en Jésus, pourrait apaiser ces cruautés; il ne fait que les fomenter et les attiser. Tout ce qui s'élève contre son pouvoir l'exalte et le rend furieux. Qu'y a-t-il pour lui dans la vie? Rien, si ce n'est le pouvoir, l'autorité; le droit de commander aux hommes et de leur dire, du plus grand au plus humble : — Croyez ce que je vous ordonne de croire, car je suis le représentant de Dieu !

Chose curieuse ! Plus le prêtre règne, plus il veut régner, comme ces avares, dont la passion s'aigrit en vieillissant. On dirait, au milieu des guerres de religion, que le feu de l'Enfer flambe au sein de chaque dévot. Le prêtre antique, si cruel qu'il soit, ne peut se comparer à celui du moyen âge.

Bien des gens modérés, fidèles à leur caractère, nous accusent volontiers d'exagération en ces choses. Qu'ils lisent et relisent l'histoire ! Y trouveront-ils une passion plus forte, plus enragée, plus constante, que celle de régner et de posséder ? A vrai dire, celle-ci les contient et les satisfait toutes.

Elle existe chez les individus, mais avec une puissance centuplée dans les castes. Elle est secondée, stimulée, par cette malheureuse conception hiérarchique, où le plus élevé est le plus puissant. Or, quelle plus haute puissance que celle de la domination des âmes ? Gouverner le monde au nom d'une suprême sagesse, et sans crainte aucune d'être démentie par elle !... Dans l'exercice d'une semblable fonction, et sous la pression de l'intelligence, la foi, si elle existe, disparaît bientôt ; et l'arbitraire et la ruse se font la Loi. Telle est l'explication trop facile du long combat contre la justice et la vérité, qui, aidé de l'ignorance et de l'égoïsme positif de la race humaine, constitue l'histoire.

Le prêtre est un homme plus ou moins sincère, que ses liens avec Dieu enorgueillissent, et portent à s'estimer supérieur au commun des hommes, fût-il ignorant et d'esprit vulgaire. Il n'en manque pas de ceux-ci, sortis du peuple, où devenir prêtre signifie monter à la bourgeoisie et honorer sa famille. Il est des mères qui destinent leur fils à la prêtrise afin de s'assurer la douce retraite des servantes de curé.

Ses liens avec Dieu, à vrai dire, ont peu de réalité. Il a été consacré par un évêque. De la délégation première des temps primitifs, il ne s'embarrasse point, la tradition lui suffit. Son commerce avec Dieu est tout entier à sa propre charge. A son réveil, et à l'occasion, élever son âme à *Lui*, ce qu'il fait de son mieux, sans avoir de réponse. Chaque jour, il lit quelques pages de son bréviaire, qu'il sait par cœur. Puis il dit sa messe et *fait descendre Dieu sur l'autel!* Lien intime assurément; mais à part de toute explication, et sur la foi des traités! Après cela, le prêtre déjeune du bon Dieu, et retourne déjeuner réellement dans son presbytère.

Aux solennités, son triomphe est, l'ostensoir aux mains, de montrer Dieu (l'Hostie) à la foule en la bénissant. Tout le monde, agenouillé, baisse la tête, comme ébloui. Le prêtre seul, debout, promenant l'ostensoir d'or, rayonne!

Tels sont les liens divins qui ont rompu les liens naturels de ces hommes avec les autres humains. Pour tous, il est *Monsieur le Curé*, l'intermédiaire de la divinité! On le salue humblement. Il va visiter les malades, il confesse les pécheurs;

il parle à tous et leur distribue des sentences pieuses. Il n'a et ne doit avoir d'intimité avec personne. Cependant il voit plutôt les bourgeois, puisqu'il a étudié au séminaire, et il parle d'un ton protecteur aux pauvres qui se plaignent à lui. Hélas! cet agent de Dieu est pauvre lui-même; il voit des misères qu'il ne peut soulager, et ne peut qu'enseigner la résignation aux souffrances, que Dieu récompensera un jour. A-t-il du cœur, il souffre pourtant de voir ces malheureux sans secours; mais s'il s'adressait à la bourgeoisie qui n'est pas donnante, il serait indiscret!...

Ne craignez rien, il ne passera pas au socialisme! Il le déteste par vocation, comme l'égalité! L'aumône est la rançon... des riches. Et le Paradis arrangera tout plus tard.

Le prêtre est seul, et il doit l'être toujours. Gare à lui, s'il s'attarde en quelque maison de gens de cœur, qui l'assisteraient volontiers dans ses bonnes œuvres, surtout s'il s'y trouve quelque jeune fille, ou femme pas trop mûre! La moindre familiarité serait sa honte! Peut-être sa perte? Son émotion serait devinée. Il serait dénoncé, ou calomnié? Et s'il s'attachait réellement, il faudrait fuir, emporter son cœur, ou plutôt l'étouffer à jamais!... Le prêtre doit appartenir à Dieu seul... Eh! sans doute!... Il le sait bien!... Mais toujours muet, que veut-il, ce Dieu?... A-t-il pitié?... Oh! si l'on pouvait entendre seulement un mot, un signe, un souffle... — Il y avait des miracles autrefois?...

Il en est qui se jettent désespérément dans la

science, pour ne pas tomber dans l'abrutissement. D'autres plus faibles lourdement succombent. Qui fait l'ange tombe dans la bête, et plus bas — s'il est permis de modifier le mot de Pascal. Dans ce siècle désabusé des religions divines, le sacerdoce, mis en dehors de la famille, achève d'être une monstruosité, et le représentant de Dieu, parfois, trop souvent, devient un objet légitime de haine et de mépris, un danger public!...

Un prêtre, intelligent et sensible, est nécessairement très malheureux. Un prêtre grossier est le pire des malfaiteurs, une honte sociale. On en voit, parmi les premiers, au temps où nous sommes, plusieurs quitter le sacerdoce, et même avoir le courage de dénoncer hautement le piège dans lequel ils sont tombés. Mais, vu la lâcheté générale, créée par la résignation chrétienne, par l'habitude, par la peur, ils courent bien des périls, et rencontrent peu d'appui. Beaucoup de ces infortunés seraient sauvés par la séparation de l'Eglise et de l'Etat.

Mais ceux-ci ne sont que l'élément populaire, les parias de la cité sacerdotale. Pour ceux de la haute hiérarchie, il en est tout autrement. Ceux-là ne sont pas obligés d'observer les règlements, et sous le couvert de leur luxe et de leur *Grandeur*, ils agissent à l'aise; orgueilleux par excellence, politiques entêtés, farouches; animés, en présence du scepticisme général, qu'évidemment ils partagent, d'une animosité passionnée! Ils font face au courant, armés de la massue de l'évêque anti-albigeois ; et de toutes les armes que donne le pouvoir, frappent impitoyablement et surtout calomnient!... Pourtant, malgré tout, se voyant débordés, ils ont eu recours à l'alliance du parti Jésuitique, le seul capable de lutter encore *par tous les moyens*. Il s'agit de perdre la France, mère de la Révolution !... Et ils font et feront *tout*, ligués ensemble, pour l'abattre sous leurs pieds !...

Chaque jour, depuis deux ans, dans les procès Dreyfus, la caste religieuse donne à la France, et à l'Europe, la mesure de ses facultés éducatrices, de sa moralité et de son audace. Aujourd'hui, plus que jamais, écrasée par la réalité, par une lumière plus intense, des croyances plus éclairées, des besoins plus intelligents, et par la propre aberration de son dogme suranné, elle comprend que le moment est arrivé où elle doit vaincre une fois encore, ou périr !... Et se dit en sa rage extrême : « Périsse plutôt le monde ! et les nations avec lui ! »

Elle ne s'arrêtera pas dans cette œuvre, où, par le lien qui les unit, le gouvernement français lui prêta sa force, et la défend encore, aussi longtemps qu'il ne l'attaquera pas ! Tout ce qu'il y a de sain et de vigoureux en France lui fait face. Le monstre sent son déclin et, ne voulant pas mourir, se tord en des convulsions hideuses, entouré et soutenu — jusqu'à peu de temps — par la tourbe régnante, complice. Et ce sont eux !... Ce sont ces gens-là !!! qui, du fond de leur abjection, nous accusent de n'avoir ni foi, ni base, ni morale !...

Pauvres fous !... Nous avons 89 ! ! !

Contre leur Dieu barbare, l'Humanité et la Justice ! Contre leur Hiérarchie, l'Egalité. — Pour base et mesure, l'Individu humain !

Nous avons la morale humaine, depuis tant de siècles en vain poursuivie, et non encore assez répandue, assez comprise, grâce à leur opposition, à leurs intrigues, à leurs calomnies ! — A cause des divisions profondes établies par eux entre les hommes ! — A cause de l'aveuglement et de l'oppression des peuples ! — A cause de l'élévation au pouvoir des intrigants, effet naturel du système !

Nous avons la morale humaine ! Et, à peine leurs ténèbres dissipées, elle rayonnera pour tous !

Le Principe

Au temps où nous sommes, ce qu'il importe avant tout de comprendre et d'accepter fermement, afin d'éviter la confusion, l'incertitude, les divisions, et de faire face tous ensemble au passé déconsidéré, à l'avenir inquiétant, c'est de dégager le principe fondamental, formulé par la Révolution française, celui de l'ordre futur et nouveau, qui s'essaie en ce siècle de transition, et s'impose, en opposition directe avec les errements du passé. C'est le droit individuel, ou mieux *le droit de l'individu*, base unique, incontestable ! Car *c'est dans l'individu* SEUL *que vit, jouit ou souffre l'Humanité.*

Non que le passé n'ait assez considéré les individus marquants. Il ne les choie que trop, au contraire, et les magnifie, jusqu'à s'en affoler. Mais seulement comme exception à la règle ; comme un idéal magique, dans lequel il se plaît et se mire ; et cela aux dépens des individus obscurs, pauvres ou souffrants, qui sont la masse populaire, et qu'on jette en tas aux pieds de ces illustres pour les hausser. — La Révolution, dans son verbe large et magnifique, dit : *tous les humains !*

Le principe de l'ordre ancien — où nous vivons encore, en bataille perpétuelle avec le nouveau — était précisément le contraire. La philosophie sociale n'a que deux termes : l'individu et la collectivité. C'était le droit social, ou plutôt la raison d'Etat, dérivée du droit divin, qui régnait sur l'esprit des hommes ; la prépondérance de l'ensemble sur l'unité, de l'être collectif sur l'individu. Cette conception qui, à première vue, semble légitime, est radicalement fausse. Voici pourquoi :

Parce que l'humanité n'a pas d'existence en dehors de l'individu. Parce que, dans cette donnée, l'intérêt factice de la collectivité écrase les individus ; et que là où l'individu est opprimé, c'est l'Humanité qui souffre.

L'Humanité, dans l'individu, a des impressions qui lui viennent de sa force collective, c'est-à-dire des forces individuelles accumulées et de leurs effets. Elle souffre, ou jouit, par le fait de sa collectivité ; mais la collectivité elle-même ne peut avoir ni souffrance ni jouissance, parce qu'elle n'apprécie et n'existe *réellement* qu'à l'état individuel, et qu'en aucun cas les facultés, les impressions qu'elle produit, si vives et générales qu'elles soient, ne peuvent s'exercer en dehors des individualités.

Il faut se dire ceci, afin de comprendre que toute injustice, toute injure faite à un humain est une injure faite à l'humanité : que tout bien fait à un individu est une bénédiction sur notre race. Nous sommes loin encore de ce sentiment ; chacun de nous, en interrogeant sa conscience, peut le reconnaître. C'est, ou plutôt ce sera, un jour, le fond de la religion humaine.

L'Humanité ne s'élève, ne peut s'élever, que par l'élévation individuelle des êtres qui la composent.

Ne disons jamais, devant un déni de justice, devant un être méconnu : « Ce n'est que cela ! » Car c'est l'Humanité même qui se plaint et gémit dans l'offensé, étendant sa plainte à toute la race, par le sentiment de solidarité qui nous anime et qui rend l'offense générale et dangereuse pour tous. Car chacun sait bien qu'il est, quoique passager, l'Humanité même.

En sacrifiant l'individu à un plan arbitraire, la société ancienne commettait donc une erreur de fait immense. Elle constituait l'injustice légale. Mais on était loin encore des méditations approfondies, et déjà subsistait un fait capital déterminant : l'hallucination religieuse. Fasciné par l'idée de divinités supérieures à lui, qui devaient avoir créé le monde et commander à l'univers, l'homme conçut l'Autorité et la Monarchie avant de se connaître lui-même. Trop faible d'ailleurs, et trop ignorant, il ne pouvait croire en soi. Il accepta donc, naturellement, la tutelle des Dieux, sous les espèces du prêtre (1).

(1) Ce n'est pas sur le droit de la force que se peuvent constituer les sociétés, puisqu'il existe déjà et n'a pas besoin de lois pour régner. Elles se constitueraient plutôt pour le modérer, tandis que le Dieu, en même temps que fort, est supposé juste.

C'est ainsi qu'arrêtée dès ses premiers pas, l'Humanité subit une déviation, un retard immense, de quelque huit mille ans.

Ce fut le coup mortel qui la sépara de l'exercice de sa raison, et par conséquent des progrès qu'elle eût pu faire par ses propres forces. Ayant en Dieu la toute-puissance et la connaissance suprême, elle se reposa de tout sur lui. Les prêtres organisèrent leur forteresse : la hiérarchie ; l'échelle sur laquelle ont paradé tant de pitres et tant de bourreaux ! L'Humanité esclave n'exista plus que par ses *grands*, qui nous firent l'histoire miraculeuse et barbare, encore en usage dans notre enseignement. Et pendant les quelques siècles, esquissés ou connus, de sa durée, l'homme n'avança plus qu'à tâtons, empêché de toutes parts, occupé de guerres incessantes. Ce qu'il sut le mieux fut de tuer et mourir.

Toutefois, l'oisiveté des prêtres ne fut pas toute hiératique : ils étudièrent l'astronomie, les époques de la nature, l'agriculture, les propriétés des plantes. Ils élèvent des monuments, font des lois, la plupart de domination et de châtiment ; quelques-unes plus intelligentes. Ils ébauchent les arts, que les républiques développeront, ainsi que les lettres et la philosophie. Mais la base principale des choses est celle-ci : la masse des humains doit rester serve et misérable. Elle pioche la terre, manie le marbre et la pierre ; elle sert et nourrit les *grands*, guerroie, s'agenouille devant les trônes et les autels.

Le progrès et la science ne marchent qu'avec la

pensée libre ; et les prêtres ne veulent ni science, ni progrès. Les grands, ne désirant que richesses, confisquent le travail du peuple. Rome organise le pillage du monde et l'intitule : Gloire ! Elle périt de pourriture, laissant aux peuples barbares son âme et ses exemples, qu'ils suivront dévotement. C'est alors que le Dieu cruel de l'Orient et ses prêtres nouveaux, fils de la vieille Rome, envahissent l'Occident. Sur toute la ligne, on tue et l'on adore. Il n'est défendu que de penser.

Pourtant, quelques-uns pensent ; et sont persécutés. Les guerres deviennent intérieures. Les bûchers s'allument ! — Crois ! ou meurs ! est le mot d'ordre. Mais les bûchers ont des flammes qui éclairent aussi la philosophie. La pensée marche, d'abord voilée ; mais elle marche ! A part du Dieu absolu, de la monarchie absolue, où se confondent le roi et le Dieu, la pensée se formule, et le livre se multiplie. Sous des impôts toujours croissants, des jugements iniques et des cruautés infâmes, le peuple s'éteint, la France agonise, et l'Humanité en vient à rougir d'elle-même ! A la royauté caduque, imbécillisée, ce qui reste du peuple crie : A bas ! Et ses délégués, de véritables hommes, enfin ! entonnent un langage nouveau : *Tous les hommes naissent libres et égaux en droits !*

L'Europe, ainsi que la France, fut transportée ! L'excès du mal appelait le bien. Hélas ! — à quel prix ? — Le mensonge faisait apparaître la vérité ! On crut à ce moment que tout était décidé, promis, conclu !... que la réalisation allait suivre !... Pauvre Humanité ! combien croyante !! Mais, s'est-on appliqué à la rendre sérieuse ?...

Il ne s'agissait que de retourner la société ! Œuvre immense ! Commencée pourtant ; mais aussi combattue avec acharnement, et trop peu comprise. Car il faut pour cela retourner aussi l'enfant, l'éducation, la femme, l'homme, les institutions, tout !...

Il faut reprendre le mot de Sieyès, où il ne s'agissait que de bourgeoisie : l'être humain, l'individu n'est rien. Il doit être tout !

Chose qui prouve combien l'idée est lente à se produire tout entière chez l'homme ! La société d'alors, si ardente à ce magnifique instant de la vie humaine, qui abolit avec transport les abus et les redevances seigneuriales sur le pauvre, les a rétablis pour une grande part : elle fait acte de propriété sur l'enfant à sa naissance, et lui prit, à 20 ans, pour la défendre, cinq ans d'abord, puis, trois ans de sa vie. Mais, jusqu'ici, elle ne s'en occupe que pour lui donner une instruction banale et insuffisante moralement, pour le punir s'il bronche, et pour l'accabler chaque jour, à l'égard de sa nourriture et de ses divers besoins, d'impôts directs et indirects. Il doit payer la Justice, qui ne devrait pas être vendue. Sur un simple soupçon, il est privé de sa liberté, pour un temps arbitraire ; et sans aucune indemnité, s'il est reconnu non coupable. Il ne trouve partout, en sa qualité de pauvre, que des supérieurs qui le molestent ; voire des gredins enrégimentés qui le bousculent et le battent à leur gré. Il n'y a qu'une chose dont on ne s'occupe pas, c'est de l'empêcher de mourir de faim. Il paraît que cela ne regarde personne.

C'est une exception, un point dans l'ensemble, dirait-on.

Exception immense! Et ce point, c'est toute la vie d'un humain! C'est l'Humanité elle-même sacrifiée! C'est l'être qui sent, qui juge, qui souffre, et qui réclame son droit; dans l'âme duquel se livrent tous les combats, se creusent toutes les amertumes; où vivent toutes les affections, les élans et les espoirs de notre race! C'est le centre où se passent les drames qui nous déchirent et nous passionnent.— Ah! ce n'est rien, cet homme! Vous vous croyez en face d'une quantité négligeable, parce qu'il est fruste et mal vêtu? Tout l'amoindrit et le défigure : sa blouse fripée, son visage fatigué, son langage hésitant, parfois grossier; sa timidité, qui lutte avec l'arrogance devant vous qui représentez l'autorité. L'autorité dont il se défie, parce qu'elle se permet de le rudoyer, parce qu'elle l'écrase! Il manque assurément de tenue et d'élégance! Mais qui l'en a privé? — La société, dont il fait partie intégrante, et qui lui devait l'instruction aussi bien qu'à vous. Car, ainsi que vous, il est homme. Et tout ce que vous ne supposez pas en lui, parce qu'il est fruste, va se déchaîner tout à l'heure, quand vous l'aurez congédié. Il est homme, vous dis-je, et il sait fort bien qu'il est lésé! Il sait, lui, tout ce qu'il endure de vains désirs, de douleurs et de découragements. Il connaît les orages du désespoir, de l'injustice ! Il a dans sa conscience ce qu'il faut pour être juge. Cet homme est l'Humanité vivante, et il se voit livré au Hasard ! — un Dieu qui, dans la société actuelle, tue presque toujours ceux qu'on lui confie. — Et il marche à travers la vie, la mort dans l'âme, seul, malheureux, dépouillé de son héritage ! de l'héritage humain, qui est à lui comme à tous.

On célèbre, chaque année, la Révolution française, la grande libératrice ! Et vous ne voyez pas qu'il y a encore et toujours des oppresseurs ? que vous protégez toujours les grands contre les petits ?

Que diriez-vous d'un général qui lancerait des troupes sans armes contre des troupes bien armées ?

Vous laissez mourir de misère et de faim les petits enfants, ceux qui doivent continuer l'Humanité. La femme est livrée par vous, comme chez les anciens, à la brutalité de l'homme, dont vous faites un maître. Tous ceux qui n'ont pas d'héritage de leurs parents directs, vous leur enlevez celui de l'Humanité ! Ils ont reçu la vie, et vous leur ôtez les moyens de la conserver ! Il n'y a pas de terre pour eux sur la Terre, leur mère ! Vous ne leur donnez pas un champ pour se nourrir ! Vous les jetez à la porte de la vie, dans la mort. Car, leur seul moyen de vivre, le travail, est abandonné au caprice et à l'insouciance des riches, maîtres de la Terre et de l'Atelier, les nouveaux seigneurs ! — Vous accusiez d'inhumanité les nobles d'autrefois. Pourquoi les imitez-vous ?

La Justice ne veut pas de misérables !

— Nous ne pouvons rien à cela ! vous écriez-vous !

— Et que venez-vous faire, alors, au pouvoir ? si acharnés à l'atteindre ! C'est donc pour entretenir les abus ? Pour les défendre de vos forces et de votre action ? Beau poste ! bien payé ! Mais trop cher, en vérité, si ce n'est que pour cela ? Il n'y a plus au pouvoir que deux façons d'agir : Trahir, ou sauver !

On a beaucoup parlé depuis plus d'un siècle ; et l'on n'a fait que nous ramener en arrière ; au point où la grande Révolution, détournée de son chemin, est à reprendre, après 89, et à continuer.

L'âme de la Révolution, en opposition avec tout le passé divin et sacerdotal, est ceci : — Le droit humain, le principe visible et vivant de la justice et de la raison humaine, a pour seule base, pour mesure et pour organe, l'être humain, représentant de l'Humanité, l'individu, tel que la nature le donne, et elle ne le donne pas collectif.

A l'égard de la collectivité, de l'intérêt social, il n'existe pas non plus d'autre modèle, puisque la puissance, dite faussement *collective*, — qui règne aujourd'hui comme elle régna toujours, — ne se compose que d'un groupe restreint, et faussé lui-même, en raison de tout le non-développement de la masse obscure et déprimée.

Les termes qu'on emploie ne sont pas plus justes que l'idée et le résultat. On dit généralement : sacrifier l'individu à l'ensemble. On ne

4

peut sacrifier l'une à l'autre que des choses opposées, contraires. Or, l'individu ne peut être sacrifié à l'ensemble social, puisqu'il n'y a pas d'antagonisme entre eux. Puisque l'ensemble social n'est que l'ensemble des individus? L'oppression de l'individu est une menace pour la collectivité, et une diminution de sa valeur totale. Plus les individus composant une société sont *élevés* dans leur moralité, leur initiative, leurs connaissances, leurs capacités, plus la société est forte et considérée.

Les lois sociales ne devraient donc avoir pour but que la satisfaction, pour chacun et pour *tous*, des besoins communs à *tous*, ainsi que le développement, chez *tous*, des facultés générales humaines — rien n'empêchant les vocations particulières de se produire. — Toute loi sociale, par sa nature, doit être modelée sur l'individu, sa raison d'être. Une loi sociale qui admet de grandes, de funestes exceptions, n'est pas une loi sociale, surtout quand l'exception tend à devenir la règle. On a vanté la concurrence comme on a vanté la guerre ; et il a fallu, en effet, la rage guerrière qui fut, jusqu'à hier, la gloire de ce triste monde, pour qu'on pût imaginer, comme âme de la société, — qui est, le mot le dit, une association, — la concurrence, qui signifie un combat acharné !

La société humaine n'est pas un monument d'architecture, ni une œuvre artistique ou littéraire... Et pourtant, la société ancienne fut quelque chose de ce genre : une conception idéale, imaginée sous l'empire de l'autorité divine, qui ne pouvait être forcément que l'autorité du prêtre. Elle devait produire la hiérarchie ; c'est-à-dire l'esclavage à tous degrés : oppression, mensonge, cruauté, misère ; et le mal sous toutes ses faces : égoïsme borné, haine, envie, orgueil et désordre. Et cela, quand l'atmosphère naturelle de l'homme est la liberté, l'amour, l'association dans la Justice et la Vérité.

En somme, en négligeant de prendre pour base l'individu, l'ordre ancien sacrifia la plupart des êtres humains à une conception arbitraire, sans base réelle, en dehors du vrai, par conséquent productrice de mal et de mensonge. Adoptée, parce qu'elle répondait au respect général du droit de la force, qui instituait la primauté ; maintenue par des lois, par l'habitude et l'ignorance, par la politique, et la force même du système existant, qui soumet tout faible à sa loi ; maintenue enfin, de nos jours, malgré le cri public, par la force armée, s'ajoutant à toutes les causes précédentes, déconsidérées ou affaiblies (1).

A voir cette admirable puissance collective qui se dégage (dans l'accord) des êtres humains assemblés, on avait conçu l'humanité comme un grand être unique, ayant ou devant avoir un organisme à lui pour se manifester. Et comme il n'en avait

(1) On croit volontiers que ce sont les meilleurs qui montent à la surface. Très souvent, j'oserai même dire *le plus* souvent, ce ne sont que les plus habiles ; c'est-à-dire les moins scrupuleux, les plus *légers* de conscience.

pas, on le lui supposa. Il s'ensuivait la monarchie (la tête). Dans un corps organisé, les différentes parties ne sont pas également nobles : la tête doit commander, les membres doivent obéir. On trouve partout dans la société ancienne, la démonstration de ce plan. Il est étiqueté dans l'Inde. La littérature le dénonce par des comparaisons fréquentes : Voyez à Rome l'apologue de Ménénius. — Il ne fut pas si probant qu'on le prétend. Le peuple savait très bien, qu'il travaillât ou non, que, même lorsqu'il engraissait les sénateurs, ses membres à lui n'en étaient que plus maigres.

En faisant de la Nation un seul individu, on simulait l'Union nationale ; ce qui n'empêchait pas qu'elle ne fut, et ne soit encore, une simple collection d'individus, liés par l'esprit de corps ; mais dont la grande majorité, la travailleuse, manque du vivre et du loisir. Il n'y eut jamais l'unité vraie ; mais une fausse unité, qui pour trop concentrer la force collective la supprime (1).

La Révolution française, en proclamant l'égalité de tous les humains, a déplacé le Droit et l'a transporté du règne de Dieu à celui de l'homme ; de la collectivité, vague et insaisissable, *irréelle,* à l'individu, type irrécusable de l'Humanité. Par là, elle

(1) Nous en avons eu, récemment, de terribles exemples : les capitulations de Sedan et de Metz, *malgré l'armée,* faites par la lâcheté et la trahison de deux chefs. Celle de Paris, *malgré le peuple,* par une poignée de lâches, sous la direction d'un jésuite.

a fondé une nouvelle ère, *la seconde*. Elle a posé l'unité mathématique sociale.

Mais une vérité n'est pas comprise, par cela seul qu'elle est formulée. Les idées n'existent que par le cerveau humain, et celui-ci a besoin de temps pour les recevoir et les comprendre dans leur intégrité. Car ce cerveau n'est pas vide ; les idées anciennes l'occupent, et repoussent celles qui veulent entrer. Au sortir de la période précédente, dans la société constituée sur le moule ancien, on ne put proclamer l'Egalité que par intuition, les moyens, les faits, les manifestations étant contraires. Il fallait en même temps que détruire, créer. La Révolution se trouvait dans la situation d'un Fulton qui a compris la force de la vapeur, mais n'a pas encore construit son bateau (1). Elle ouvrit son âme, proclama sa foi. Elle abolit les droits féodaux, confisqua les biens dont le clergé était dépositaire, et crut bien faire en lui donnant, en échange, un traitement annuel, l'attachant à la République. Il n'en agit pas moins contre elle, pour la plupart. Il eût fallu consacrer ces biens au peuple, l'en faire propriétaire, l'armer de toutes pièces contre ses ennemis, le racheter et sauver par la Révolution. Mais il fallait aussi, bon gré mal gré, de l'argent, et, grâce aux dilapidations de la monarchie, les caisses de l'État étaient vides !

(1) La Commune de 1871 l'a lancé, ce bateau. Mais on le fit échouer ; on le brisa ! Sur ce modèle imparfait, on en fera d'autres.

Composée, au commencement, de philosophes convaincus et d'hommes courageux, la Révolution fut arrêtée dans sa tâche par l'opposition du passé. Elle innova beaucoup, et son œuvre reste. Mais elle ne put transformer immédiatement le moule ancien, où l'idée nouvelle ne pouvait se développer, où elle étouffe depuis cent dix ans ! L'individu obscur et pauvre reste abandonné, non pas seulement à ses forces personnelles, qui, hors de la société, dans la nature, pourraient le sauver ; mais bien plus : entravé par les lois sociales dans l'exercice de ses forces même, qu'il ne peut employer sans la volonté d'autrui, lorsqu'il est dépourvu de tout capital social. Là, est l'injustifiable lacune de la société actuelle ! le gouffre où tombent journellement un nombre considérable d'humains par toute la Terre ; le crime incessant, voulu, effrontément accepté ! qui condamne cette société, toujours barbare, à être justement flétrie et prochainement brisée ! Qu'est-ce qu'une société qui ne protège que les forts et laisse périr les faibles ? — C'est un mensonge ! Une hypocrisie !

Il y avait pacte entre vous et lui. Riche, il vous assistait de sa cotisation ; pauvre, il devait être secouru. Il n'a plus de travail, et loin de l'aider, vous lui interdisez de féconder une terre inculte, parce qu'elle appartient à un autre ! Il eût trouvé son salut dans un désert ; il meurt au milieu des hommes, en maudissant le pacte mal entendu qu'il a fait avec vous et qui le tue !

Les Romains, ce peuple si dur, donnaient du

moins la sportule. Aujourd'hui, à votre associé, le citoyen pauvre, vous donnez la mort! C'est un grand progrès d'être chrétien! L'Individu, le type social, celui qui est la vie même, la force, le droit moral de l'Humanité, vague par nos rues luxueuses, morne, affamé, humilié, — après des sept à huit mille ans de sociétés légiférantes, — cherchant la vie, et ne trouvant que la fosse commune!

Ce fait odieux, on le connaît bien! Il se publie souvent, et plusieurs fois, au milieu des faits divers de la journée. On lit... et l'on passe... Et l'on va, songeant à ses plaisirs et à sa fortune, traitant le socialisme de rêverie, et vantant le progrès... des machines. Car le règne des prêtres ne nous permet que celui-là!

Que sommes-nous donc?...

De pauvres plantes, avides de soleil et de lumière, transportées hors du sol et de l'atmosphère où elles devaient grandir, et reléguées dans une serre étroite, à chaleur factice et fétide, où elles s'étiolent, où le palmier puissant devient arbuste chétif.

Le catholicisme, étroit et dur, ne développe rien, ni lui-même. Il réprime, il opprime, il rapetisse, il étouffe la vie, qu'il déteste et combat.

— Aime ton semblable! vous disent la Nature et la Raison; celui qui est animé de la même vie que toi; dont le bien est ton bien, et le mal ton mal.

— Il ne faut aimer que Dieu, dit l'homme noir. Tu ne feras du bien aux autres hommes que pour l'amour de Dieu. Tu dois maudire et tuer tous ceux qui nient Dieu, ou qui ne partagent pas ses vues sur l'homme.

— Tu es libre ! disent la Nature et la Conscience. Fais ce que tu veux, pourvu que tu ne nuises à personne, et que tu te respectes toi-même.

— Obéis ! dit l'homme noir. Tu n'es que le serviteur de Dieu. Et c'est à moi qu'il t'a confié, pour que je t'enseigne tes devoirs. Abdique tes instincts et tes affections ! *Sois entre mes mains comme un cadavre*. Et combats avec moi par le fer et le feu, par la délation, par le mensonge, *par tous les moyens*, l'Humanité rebelle qui sert le démon. »

Ne leur parlez pas de justice ! *Il faut qu'il y ait toujours des pauvres*, parce que, ignorant et faible, le peuple leur appartient. C'est leur réserve ; réserve d'ignorance et de crédulité, dont ils usent aux bons moments ; et dont ils abusent depuis la moitié du siècle.

Cependant, ils ont eu beau faire, ces prêtres ; ou plutôt ils ont tant fait, que l'homme, en dépit d'eux et par eux, émancipé, s'est demandé enfin :

« Mais, qu'est-il donc, ce Dieu, qui semble destiné à nous continuer les vices de la barbarie ? Pourquoi nous inflige-t-il l'injustice et l'inégalité, érigées en *société* prétendue ? Pourquoi délégue-t-il ses pouvoirs aux riches et aux grands, qui nous écrasent ? Pourquoi s'applique-t-il à combattre les lois de la Nature, sa propre création, à ce qu'on affirme ? Qu'est-ce que cet être étrange, seul dans l'Univers, sans pareils, sans amis, n'ayant que des inférieurs ? Cet être qu'on ne peut voir, que nul n'a entendu parler, autrement que par la bouche de certains hommes... Et dont rien ne garantit l'existence ?...

— Blasphémateurs !... C'est le créateur du monde !

— Qu'en savez-vous ?

— Et qui donc l'eût créé, ce monde ? Il faut une cause à tout !

— Fort bien ! Alors, quel est le Dieu qui a fait ce créateur ?

— Vous blasphémez !

— Pardon ! je raisonne. Si c'est Dieu qui m'a fait part d'un cerveau, je m'en sers pour lui faire honneur ! S'il faut une cause à tout, il faut qu'un autre Dieu ait créé celui-là ; qu'un troisième ait créé le second ; et un quatrième le troisième ?... —Jusqu'où remonterons-nous ainsi, en continuant d'invoquer la loi des causes ?... Renonçons à ce trajet sans fin ! Comprenez-vous que la vie puisse ne pas exister ?

— Sans doute !

— Eh bien, cherchez à vous figurer le néant !... Le rien ! L'absence de toute chose ?

— Ce n'est pas aisé !...

— Essayez !...

— Je ne puis pas !

— Dites simplement que ce n'est pas possible pour l'esprit humain !... Ouvrez les yeux, ou fermez-les, vous ne voyez partout que la vie ! Elle vous étreint, vous possède... Elle est en vous, en dehors de vous ! Vous ne sauriez concevoir qu'Elle !... La

Vie ! Elle est à la fois l'Esprit et la Matière, indivisibles ! Vous ne pouvez lui échapper, ni en sortir ; pas même en vous suicidant ! Car votre mort fera de la vie. Elle existe partout , insondable, immense ! dans les entrailles du Globe, comme dans les soleils étincelants qui pénètrent notre atmosphère, partout ! Au delà de tout ! perpétuelle, infinie ! Sans cesse renaissante et inépuisable ; cause et fin par Elle-même. *Elle est*, parce qu'Elle est, comme le Dieu des prêtres ; incompréhensible comme Lui, mais bien moins cruelle ! car Elle se prête aux corrections possibles, à nombre de progrès, les accepte autant qu'il se peut. Elle n'est pas, Elle, l'ennemie du genre humain ! Elle *l'élève*, au contraire, par ses indications, ses poésies adorables, ses grandeurs, ses beautés, ses bienfaits, toutes ses forces suggestives. Elle permet qu'on l'étudie et la modifie. Elle n'exige ni prières, ni sacrifices ; mais seulement de l'action, du savoir, l'énergie du travail fécond, associé, joyeux, qui, loin d'affaiblir l'homme, le fortifie ; au lieu de figer sa raison, la développe et la communique à tous.

Tenons-nous en là, croyez-moi ! Cherchons à savoir ; mais n'affirmons jamais ce que nous ne savons pas.... Triste erreur ! Et sévèrement punie !

Là est le Dieu ! Là, et ici même, ce Paradis, dont on nous fait un Enfer ! Plutôt que d'écouter des imposteurs et des charlatans, qui n'ont d'autre but, pour la plupart, que de nous ranger sous leur loi, écoutons notre conscience et notre raison ! Et nourrissons-les de vérités prouvées ! Elles nous détourneront de cette folie de nous attacher à la mort plus qu'à la vie, — ce qui est la fausseté, le mensonge des religions divines. La Vie, pleine pour nous de devoirs et d'intérêts, si puissants, si réels, si doux ! La Mort, qui n'existe pas, puisqu'elle-même n'est qu'une décomposition de la vie usée, pour refaire de la vie nouvelle...

Et combattons de tout notre cœur, de toute notre intelligence, la fantasmagorie de la Mort, et de ces Dieux factices, qui nous ont fait tant de mal ! qui ont absorbé le sang de nos veines et tout notre cœur ! nous ont détournés de nos vrais devoirs, et nous ont fait commettre tant de crimes ! que toute l'histoire humaine, et surtout cette période de l'histoire que l'on nomme chrétienne, roule des flots de sang et de fange ! — Repoussons enfin loin de nous la caste abominable qui vit de mensonge et de l'appui des gouvernements, ses alliés naturels, pour entretenir la crédulité des masses, unie à leur ignorance et à leur misère, et les exploiter plus aisément. Grâce aussi à la castration des cerveaux dès l'enfance, qui, seule peut-être, explique un si long aveuglement ?

Résurrection... De cette folie de nous attacher à la [illegible] plus qu'à la vie — de ce qui est la lutte, de la [illegible] des religions diverses. La Vie, pleine [illegible] nous de devoir [illegible] la Mort, qui n'est pas [illegible] de mieux que ce que [illegible] la vie [illegible] de la vie nous [illegible]

[illegible] de toute [illegible] la [illegible] de la Mort, et [illegible] Dieux [illegible], qui nous ont fait tant de [illegible] tout [illegible] ont fait commettre tant de crimes [illegible] toute l'histoire humaine, [illegible] que l'on nomme [illegible] des flots de sang et de larmes. [illegible] tous [illegible] de [illegible] des [illegible] et [illegible] à la [illegible]

CONCLUSION

Le Catholicisme a toujours été le mauvais génie de la France. Il l'a désolée, ensanglantée, ruinée. Il l'a égarée et corrompue de sa fausse morale; et elle en est au point de trouver en lui sa décadence complète, si elle ne rompt le lien fatal qui les unit. Depuis la Révolution, suscitée contre Lui, au moins autant que contre les rois, il a fomenté tous nos malheurs et triomphé sur toutes nos ruines. Jamais il ne s'arrête, ni se lasse, dans sa haine pour la liberté de conscience! Quand la France exsangue râlait sous Louis XIV, il faisait révoquer l'Edit de Nantes. Sous Louis XV, l'affameur du peuple, l'odieux débauché, le clergé, respectueux des crimes royaux, faisait brûler vif le chevalier de la Barre, soupçonné d'irréligion, après lui avoir fait couper le poing et la langue; tout cela sans preuves, pour une croix qu'on trouva brisée sur un pont. La *vraie religion* envoyait encore les protestants aux galères pour des actes de leur culte; en 1762, on pendait les pasteurs, et l'on *rouait* le protestant Calas pour un crime supposé! La loi infligeait la marque, les galères, ou la mort, contre les auteurs et colporteurs d'écrits hostiles à *la religion.*

En 89, il y eut quelques prêtres, assez rares, qui secondèrent la Révolution dans son élan sublime. Mais la majorité, surtout les dignitaires, ne purent l'accepter, et à dater de ce moment, ils se sont acharnés de toute leur haine à la combattre. Quand l'Assemblée Constituante commit l'imprudence de les lier au sort de la République — ou plutôt alors du nouvel Etat constitutionnel — il eût été difficile d'abolir le clergé, dont une part, à ce moment (les curés), se montrait pleine de bonne volonté pour les idées nouvelles. Cela se pouvait d'autant moins qu'on leur enlevait leurs biens pour en remplir les coffres de l'Etat, vidés par la Monarchie. Puis alors, l'opinion littéraire se plaisait à considérer l'Evangile comme un code libertaire, et Jésus comme un républicain ! — L'imagination humaine est une brodeuse éternelle sur toutes les trames.

Cent dix ans se sont passés. Ont-ils profité de ce long délai pour s'assagir ? Se sont-ils repentis de tant de péchés remis ? de tant de fureurs non expiées ? — Ils en ont profité pour tendre autour de nous les filets de l'obscurantisme, s'emparer de la femme, qu'on leur abandonne, de l'enfant qui ne peut se défendre ; ramener Empire ou Royauté, tromper le peuple par des calomnies, mentir, trahir, comploter sans cesse ! Depuis la Révolution, le Catholicisme n'a pas désarmé un seul instant ! On lui a fait cependant une part royale. Ce n'est pas assez !

Il ne désarmera jamais !... A moins pourtant que vous ne lui donniez ce qu'il veut? Tout ce qu'il veut !... c'est-à-dire la Révolution entière. Tout et pas davantage !...

Et si vous ne la lui sacrifiez pas, il guettera le moment suprême — que tous ses efforts préparent — une heure de désastre, d'effondrement, où Elle râlera, ainsi que la France, pour se jeter sur elles, et les étrangler l'une et l'autre, dans ses mains crispées de haine et de rage!

Est-ce là ce qu'on attend?... Ne trouve-t-on pas que ce retour offensif actuel du monstre — ce déballage épouvantable de crimes, de faux, de mensonges, de perfidies, qu'on appelle *l'affaire Dreyfus*, vaut la peine qu'on y prenne garde? Pas une société qui puisse vivre en de telles pratiques! C'est l'Enfer même que la Sainte Compagnie de Jésus exhibe sur la Terre!... Jamais occasion fut-elle plus grave, plus justifiée, plus pressante, pour couper le câble qui nous lie à ces malfaiteurs, nous, leurs victimes depuis tant de siècles?

Il y a plus de cinquante ans, j'étais jeune alors, que le piège de la *rue des Postes*, dressé pour accaparer les jeunes élèves des Hautes écoles de France, fut révélé devant moi, à l'occasion du départ d'un de mes frères, qui désirait entrer à l'Ecole Polytechnique. Les Jésuites, disait-on, voulaient, par l'enseignement, s'approprier les hauts fonctionnaires; autrement dit, le commandement de la France. Et ils y réussissaient !

Cette révélation, qui n'était déjà pas un secret,

je ne l'ai jamais oubliée. Elle m'a préoccupée souvent. J'en entendis parler quelquefois encore. Mais qui s'occupait de ce mortel danger? Personne, à ce qu'il semblait! Et en effet, personne n'agissait. L'Université laissait faire; le gouvernement aussi.

C'est en de pareilles choses que les gouvernements ont à cœur de respecter la liberté!... Y avait-il aussi des jésuites au gouvernement? — Peut-être?

On n'a rien fait, et l'œuvre s'étale! Nous voici pris dans le rêt tendu! et depuis longtemps! Attendrons-nous que nous y soyions étranglés?

Pascal! où es-tu? — Mais elles viennent d'être publiées de nouveau, tes Provinciales!... Ecrites dans tous les journaux, et jouées sur deux théâtres! Le monde entier les a lues chaque jour! Et cette publication est l'arrêt du Jésuitisme!

Et toi, Voltaire! Toi qui as crié!... qui, depuis un siècle et demi, cries : « Chassons l'Infâme! »

Molière! A nous! Tartuffe est ici! Il nous a confisqué de grands domaines, des milliards!... Il tient en ses mains, infestés de son esprit, les commandants de notre armée!... une grande partie des hauts magistrats, et de nos principaux fonctionnaires, les riches, les grands industriels, le peuple qu'il trompe! Et il nous dit maintenant : — *Tout l'Etat est à moi!... C'est à vous d'en sortir!...*

Molière, Voltaire et Pascal répondent : — Nous vous l'avions bien dit! Il n'y a guère que 250 ans que vous êtes avertis! Pourquoi les avez-vous laissés faire?...

Oui, depuis plus de 200 ans, on crie à l'incendie,

et personne n'y court! Les gouvernants regardent ailleurs. Et rois et empereurs, depuis la Révolution, rient, paradent, banquettent, et n'ont pas le temps de s'occuper de cela! Ceux qui parlent des jésuites, ce sont des toqués ; on leur rit au nez! Le Français n'aime pas les redites. Ils ont pourtant été condamnés, en 1762, par un arrêt du Parlement, comme banqueroutiers, et *dangereux pour l'Etat*! et chassés deux ans après, par édit royal — malgré la Dubarry, qui les estimait, et qu'ils courtisaient! Mais ils sont rentrés à la sourdine, et nos bons gouvernants ont fermé les yeux. La Russie déjà les avait chassés!... Le Portugal aussi. L'Espagne de même, leur patrie! Et la royauté de Naples, quoique bigote, en avait fait autant! Défendus par un pape, ils furent *supprimés* par son successeur : Clément XIV, *qui les bannit de la chrétienté,* et cela sur les instances des pays catholiques. *Il y a pourtant là quelque chose* ?... Qu'en dites-vous?

En dépit de cette *expulsion de la chrétienté*, la Compagnie de Jésus — Pauvre Jésus! — a trouvé grâce devant la papauté, (ou devant ses garde-malades). L'asile gracieux qu'on lui donne en France est si touchant!... et si tentateur!... que le clergé catholique, maintenant, accepte la complicité de cette société de bandits, si habile et si insinuante, qui arrive à ses fins *par tous les moyens*. Que voulez-vous? On fait ce qu'on peut, lorsqu'on sent crouler l'édifice qui vous supporte! Lorsqu'on se voit pressé par les ennemis, qu'on a jusqu'alors soumis et méprisés : la Raison, la Vérité, la Justice, qui vous blessent de sourires, plus mortels pour vous que des épées !

Ils n'ont pu empêcher la France d'abattre la monarchie ; mais ils nous la ramènent sans cesse ! La monarchie civile chassée — serait-ce jusqu'à dix ou vingt fois — ce ne sera rien, tant que vivra la monarchie religieuse ! Ce siècle l'a démontré : Trois rois et deux empereurs, sans parler d'une république, dont la durée ne fut que celle d'un printemps ; et la République actuelle, toute aristocratique, celle qui acheva le massacre du peuple de Paris, commencé sous la précédente ! Paris, maintenant, s'est peuplé de paysans avides de gain ; ce qui garantit la tranquillité présente. Cependant, ils sont à bonne école ! Espérons !...

Les Jésuites haïssent les républiques, toujours en danger d'innovation ; et bien qu'ils aient prêté aux gouvernants leurs duplicités, leurs fausses promesses, l'art de paraitre vouloir agir quand on ne produit que des libertés à chausses-trapes, ou des atermoiements indéfinis, cependant, c'est un roi qu'ils veulent, et qu'ils s'efforcent constamment d'instaurer. La monarchie est leur agent de prédilection. C'est le couronnement de la Sainte hiérarchie ! C'est l'image du pouvoir divin ; c'est toute la vie d'un homme qu'ils ont en gage ; et il est plus facile de tirer les fils des passions, ou de la veulerie, d'un seul, que ceux d'un groupe, ou d'une assemblée. C'est enfin le retour décidé à ce qu'ils regardent comme l'état normal : l'esclavage et l'ignorance du peuple.

Tous les rois ne sont pas croyants ; mais ils sont dévots. Et puis, il y a la Reine ! A côté de Louis-Philippe, régnait Marie-Amélie, la Napolitaine, protectrice des œuvres religieuses. A côté de Louis-Napoléon, l'Espagnole Eugénie.

Ce fut le jésuite Falloux, à l'éloquence fielleuse, qui excita l'Assemblée des grands propriétaires et des capitalistes, en 1848, à la haine du socialisme et à l'égorgement des ouvriers parisiens, — ces héroïques de l'aspiration indéfinie, — qui, voyant la bourgeoisie fuir le combat, quoiqu'elle y fût intéressée, avaient donné leur sang à une liberté réclamée par d'autres et qui ne devait pas être pour eux ! Loyola et Cavaignac, alliés déjà, égorgèrent et calomnièrent à cœur joie. Loyola trouva un prétendant digne de lui ! Lisez l'épître noble et touchante du prince Louis Bonaparte au peuple français. Loyola est doux pour les meurtriers et les parjures : Il sacra Napoléon III, et le protégea jusqu'au jour, où, après avoir rendu la France esclave, le protégé craignant un nouvel Orsini, s'avisa de libérer l'Italie et promit d'évacuer Rome.

Le Jésuitisme soigna nos revers ! Il nous avait élevé des généraux, habiles aux défaites ! Il avait certainement des élèves, dans l'administration de la guerre. Il inspira le gouvernement de la défaite nationale et nous donna Trochu, le plus parfait des siens (1), qui trouva un terrain fertile parmi les

(1) On ne voyait que chapelets, bénitiers et saintes images dans l'appartement de M[r] et Mme Trochu.

Jules de la gauche, comédiens et calomniateurs profonds. Depuis qu'en dépit de ses soins, surnage la République, il nous continue ses bontés, préside aux élections, prodigue ses enseignements, ses conseils, ses corruptions; s'anime dans ses discours jusqu'à *couper des têtes*, — en souvenir du bon temps des semaines sanglantes, — assemble et soudoie des bandits pour l'émeute sur les places publiques, persécute les Juifs et les parpaillots comme au moyen âge; ourdit des complots, et ça et là, par passe temps, souille l'enfance et l'étouffe dans ses embrassements horribles! Ses élèves les plus chéris, fils des émigrés qui amenèrent l'étranger en France, entrent dans nos grandes écoles, par la grâce de Dieu, ou celle de Satan? *la fin justifie les moyens*, et infestent nos principales administrations, aux dépens de la Patrie, qu'ils mettent en danger.

C'est lui qui recrute les faux témoins et leur apprend à dire le contraire de la vérité, en s'aidant *de restrictions mentales*. C'est lui qui a corrompu, par l'éducation et par l'exemple, la majorité de la bourgeoisie, pour la rendre haïssable au peuple, et fomenter les guerres civiles, dont il profite toujours pour *ses fins*. C'est Lui qui élève des généraux pour la trahison! des magistrats sans courage et sans conscience ; des administrateurs infidèles, des préfets dévots. Lui qui énerve et empoisonne la Nation! Car il travaille à faire de la France une jésuitière, composée de capitalistes, de pauvres et d'ignorantins de toutes classes, qu'il bénira du haut du *Sacré Cœur*! C'est alors qu'ils jubileront!

et recommenceront litanies et processions, paradant, la tête haute, entre deux haies de peuple agenouillé ! Alors aussi, recommenceront les tortures dans les prisons, l'enfance abrutie et souillée, les condamnations de penseurs et de publicistes, l'abêtissement du monde ! — Et la vraie France sera morte !...

Elle a osé les combattre ! Ils veulent la perdre afin de pouvoir la dominer. Et comment douteraient-ils du succès ? N'a-t-on pas mis 36.000 chaires en leur possession dans notre France, quand la science n'en possède pas le dixième ! N'ont-ils pas à leur service environ 100.000 apôtres, pour endormir le peuple dans l'ignorance et la superstition ? Ne leur a-t-on pas confié le cerveau débile de nos enfants ? Ils se rient de nos menaces, à nous libres penseurs, pauvres pour la plupart, suspects et maltraités !

« Insensés ! nous disent-ils en leurs âmes démoniaques, vous parlez de liberté ! Et vous entretenez une armée permanente !... Une armée qui nous appartient par ses chefs, obéis sous peine de mort! Nous avons une aristocratie nouvelle, toujours dominante, et l'ancienne aussi ! Les millionnaires dont nous sommes la sauvegarde ! Nous stipendions la plupart des journaux, ou bien on les paie pour nous. Vous avez, pour rendre la justice, des magistrats professionnels ; et vous les acceptez à seule condition qu'ils sachent le code par cœur ; c'est de la folie !... Mais rassurez-vous ! Nous leur faisons un cours de morale légale et... jésuitique, où leur intérêt n'est pas négligé. Puis, ils doivent juger d'après les témoignages ; et nous tenons boutique de témoins !... »

« Vous parlez de justice! Et vous avez un peuple humilié, surmené, ignare, chargé d'impôts de toute sorte, qui traine sa pauvre vie entre la famine et le travail forcé ! C'est pourquoi vous lui avez donné le vote, ô dons Quichotte ! Et il en use... contre vous!... Ah! Ah! Ah!... Nous lui dicterons sa propre déchéance, et il la signera : car il a confiance en nous! Ne l'avez-vous pas voulu, afin que sous votre règne, il fut gorgé de résignation et d'obéissance? Eh bien, attendez un peu : vos vœux seront exaucés, et l'on criera bientôt encore : — Dieu et le Roi ! »

« Mesurez donc votre faiblesse! Qui, dans l'Etat, dispose d'une puissance pareille à la nôtre ? Ce n'est pas à coup sûr votre gouvernement. On se défie de lui et de vous... non sans cause ! Et vous osez nous menacer ! Si nous n'étions polis, nous dirions que c'est trop bête ! Maintenant, comme toujours, le peuple est notre réserve ; *notre vieille garde* dans l'humanité ! Elle donnera !... Elle donne depuis le suffrage universel... Vous le savez bien ! ô niais imbéciles, qui lui parlez raison, quand vous n'en avez pas vous-mêmes. Il vous a pourtant déjà fourni un bel Empereur, choisi dans les grands coquins, mais auquel manquait l'envergure. Pour changer, on va vous donner des rois pantagruéliques !... Et vous viendrez à la messe, ou vous direz pourquoi !... Et vous serez heureux de baiser nos mules !... Et l'on festoiera !... »

« Oh ! que la victoire sera douce et triomphante, quand tous les mécréants, les libres penseurs, l'ouvrier insolent, les femmes — elles aiment le doux Jésus ! — et les savants pervers ! et jusqu'à des pauvres, — cette canaille qui prétend penser maintenant !... quand ils seront là tous, humiliés, abattus, prosternés dans la poussière, aux pieds des *Saints Pères*, qu'ils ont osé braver ! — Ah ! tu les paieras cher, tes attaques immondes ! Paris ! Ville insolente et perverse ! ! »

— O pensée, ô liberté ! Reines du monde humain, qui malgré les bûchers, les tortures et les trahisons de l'*Infâme*, nous animent toujours ! Qu'attend-on encore pour vivre en paix dans les voies humaines ?... Entre la vie et la mort, ne peut-on choisir ? Entre le mensonge et la vérité, l'ombre et la lumière, est-il permis d'hésiter ?...

Tranchons donc ce lien, qui unit le vivant au mort, en gangrenant le vivant ! Plus d'hésitations ! Qui pourrait les justifier ? Plus de terreurs vaines, qu'on ne peut comprendre ! Quoi ! la République française ne pourrait faire ce que fit Louis XV, en 1774 ! La France ne pourrait chasser une société, déjà chassée de tous les Etats européens ?... pour sa malfaisance et son immoralité !... Hâtons-nous de rejeter la compagnie de Jésus par dessus bord !

— Elle reviendra ! s'écrie-t-on. Elle revient toujours !...

Parce qu'il n'y a pas de sanction ! Mais la voici : « Tout jésuite surpris en France, sera transporté aux Iles du Salut ! à l'Ile du Diable !... »

Les Jésuites n'ayant plus affaire chez nous, leurs domaines seront, naturellement, confisqués, en échange de tous les biens qu'ils nous ont pris, et de tout le mal qu'ils nous ont fait; ce qui sera justice! Et ces biens immenses, dont ils ne payaient pas l'impôt à l'Etat, ces biens seront affectés à des associations agricoles, confiés à des paysans sans terres, bien plus nombreux qu'on ne croit! et qui pour ce motif se trouvent privés du droit de vivre, eux et leurs familles.

Tout bien de main-morte sera liquidé pour une part, au décès de chaque participant, jusqu'à extinction complète; et alors établi selon la base équitable de la propriété nouvelle, qui doit sanctionner le droit de vivre de chaque humain.

Il y aura du bruit à ce propos; oh certainement! Des menaces, des complots! Cris perçants et sourdes colères! Mais peut-être moins qu'on ne pense? A la condition qu'on se trouvera en présence de personnes fermes, que rien n'ébranle. L'affaire Dreyfus où les haines cléricales se sont déchaînées, n'a duré si longtemps que par la complicité du gouvernement, et la facilité de cette bonne bourgeoisie à prendre peur et à s'exclamer! Il ne faut au pouvoir pour vaincre que de la décision et du sang froid.

Le catholicisme est mort! Il ne vit plus que d'une vie factice, composée de mensonges, d'habitudes, et de préjugés. La compagnie de bandits qui le continue et l'exploite n'avoue-t-elle pas elle-même, par son infâme conduite, qu'il ne peut plus vivre par la Foi?

A mesure que plus de lumière s'est répandue autour de nous, la religion s'est fondue, pour les hommes en général, dans la politique; et pour les femmes, généralement toujours, dans la mode, un courant donné. Quant au peuple, sa religion c'est le dimanche (1).

J'ai interrogé bien des simples sur ce sujet. Ils ont encore un faible pour le *bon* Dieu; mais à peine l'ont-ils avoué, qu'ils se hâtent d'ajouter : mais les prêtres, c'est des marchands! Un commerce comme un autre! Et joliment cher!

Je n'affirmerais point que la suppression du dimanche ne causerait pas une révolution! Les filles tiennent beaucoup à faire toilette pour aller à la messe. Les garçons y vont pour les passer en revue. Les mères y figurent par décorum et pour des curiosités locales. C'est une distraction. Les pères aiment à s'y rencontrer pour causer ensemble sous le porche et de là se rendre au cabaret. Le dimanche est pour tous le jour de fête et de délassement. Mais si on le conserve, en variant son programme, et surtout si l'on sait rendre ce programme plus attrayant, tout ira bien.

Quant aux prêtres non jésuites, ce sera affaire aux catholiques persistants de suffire à leur entretien. Nulle persécution! Mais il appartient à cha-

(1) Un des griefs du peuple contre la révolution de 89 fut la substitution du *decadi* au dimanche. Faut du système décimal, pas trop n'en faut! « Nos bœufs même, disaient-ils, ne voulaient pas travailler le dimanche! »

cun de payer les frais de sa croyance. Les libres penseurs s'arrangent entre eux pour fournir aux dépenses de leurs assemblées ou conférences; les ouvriers de même, et cela est juste! Quant à obliger ceux-là à payer leurs ennemis, qui sont en même temps ceux de la Patrie, pour enseigner au peuple des superstitions, de la part d'un gouvernement qui se prétend laïque, c'est une inconvenance incompréhensible, une hypocrisie coupable! — Et si réellement nous en avons fini avec les jésuites de gouvernement, si, chose étrange et nouvelle, ce sont, à une exception près, des hommes honnêtes et bien intentionnés qui les remplacent, un tel reliquat de ruse et de barbarie doit cesser immédiatement!

La morale catholique est la soumission basse et vile, sans examen, à toute puissance établie. C'est la mort de l'esprit et de la conscience, Est-ce donc là ce qu'il faut enseigner au peuple pour qu'il soit républicain? — L'absurdité de ses dogmes est contraire à la raison. Il ne faut pas chercher à les comprendre. Ce sont des mystères! Peut-on croire ce qu'on ne comprend pas? — Oui, mais seulement à Bicêtre ou à Charenton. — L'amour d'un Dieu (inconnu) qui doit primer toute affection humaine, éteint l'amour et la fraternité entre les hommes, au point qu'on en a dû faire un devoir chrétien; on doit aimer ses semblables *pour l'amour de Dieu*. L'intention est bonne; mais cela se perd en chemin. Et non sans motifs; car la créature est vile et méprisable; on doit donner tout son cœur à Dieu seul. — Comment donc serait-il possible d'aimer les autres et de s'estimer soi-même? — Il faut avoir toujours la mort devant les yeux, et ne considérer que le ciel! — Voilà de quoi rendre la vie aimable et la patrie prospère! — Connaissez-vous beaucoup de personnes qui suivent ces prescriptions? Qui donc voit autre chose que des mots dans tout cela?

Ce qu'il faut à la République, ce sont des citoyens et citoyennes, qui aiment leur Patrie, leur famille, et qui cherchent la vérité, de toute leur raison et de tout leur cœur. Il ne peut donc être permis aux républicains de patronner le catholicisme.

Il est mort, vous dis-je! si bien mort qu'il est en putréfaction! C'est la pourriture finale. Tendez l'oreille du côté de Rennes, où le jésuitisme filtra par la bouche de tous les témoins de l'Etat-Major. Voulez-vous un exemple de cet état d'esprit?

Le colonel Maurel, ancien président du conseil de guerre de 94, qui condamna Dreyfus est interrogé en présence d'un des anciens juges de ce même conseil : le capitaine Freystætter. Celui-ci a condamné de bonne foi, d'après une poignée de pièces fausses — il n'y en avait pas d'autres! — qui avaient été communiquées par le Ministre de la guerre, Mercier, au président Maurel. L'existence de ces pièces a été constatée déjà par d'autres témoignages, et n'avaient pas, au mépris de la loi, été communiquées à l'accusé. — Cela est acquis!

On demande à Maurel, qui a juré solennellement de dire la vérité : qu'en avez-vous fait?

Il feint l'indifférence, remâche des redites et enfin : — Je n'en ai lu qu'une seule, dit-il.

Et il se retire.

Tout le monde doit croire que les autres pièces ont été jetées au panier. Mais le capitaine Freystætter est là, et ce n'est pas un compère, mais un franc honnête homme.

— *Toutes les pièces*, dit-il, ont été lues, et commentées par le colonel Maurel ; et c'est sur elles que nous avons condamné.

On rappelle Maurel : « J'ai dit n'en avoir *lu* qu'une, répète-t-il, et j'ai dit la vérité.

— Mais vous les avez fait lire ! s'écrie Freystætter et vous en avez fait le commentaire !

— Quel commentaire ? On peut le deviner ! —

— Maurel balbutie :

— Soit : mais ce que j'ai dit est *exact*.

Il n'en avait *lu* qu'une, de sa propre bouche.

Et il triomphait l'instant d'avant — dans ce qu'il appelle *sa conscience* de jésuite — car il avait trouvé le moyen de tromper tout le monde en des termes *exacts par eux-mêmes*.

Or, si le capitaine Freystætter n'eût pas été là ?...

Il y a cinq ans qu'ils fabriquent des faux et des mensonges pour justifier et maintenir le supplice d'un juif ! Ah ! si l'on était encore au bon temps des bûchers ! Comme c'eût été facile ?... — 1572 ! — 1899 ! Toujours les mêmes !...

Le Jésuitisme est au Catholicisme le ver du tombeau !

Le crime justifié, la bonne foi bannie, l'être humain arraché à ses voies naturelles, livré à toutes les tortures ; la soumission aveugle, conduisant à toutes les bassesses, à toutes les hypocrisies, l'apothéose du mensonge, pour lequel tout moyen est bon, pourvu qu'il profite... la justice, une risée... la misère et l'abaissement des peuples, voilà ce que le catholicisme, sous la conduite de chefs de plus en plus infâmes, a donné au monde et lui promet encore — sans parler des flots de sang qu'il a versés, de ses haines toujours vivaces, des douleurs profondes qu'il a causées dans les familles, ainsi que des troubles dans l'Etat, pour arriver à ses fins quelles qu'elles fussent ; brisant au nom de l'amour de Dieu les liens les plus sacrés ; trahissant la Patrie comme la vérité — car ils n'ont d'autre patrie que Rome — toutes les fois que la caste y trouve son avantage.

Le Catholicisme est devenu la peste de l'Humanité et sa ruine. Malheur aux nations qui l'ont conservé dans leur sein ! Il faut qu'elles périssent, comme le malade attaqué par un cancer rongeur ! Il ne tient plus dans ses griffes que trois nations en Europe : l'Espagne est ruinée ; l'Italie est très malade. La France l'est aussi ; mais elle lutte ; il faut la sauver !

La générosité, la liberté grandissent les hommes ! Le catholicisme ne songe qu'à les abaisser pour les gouverner plus facilement. Il est toujours avec le pouvoir civil, surtout quand celui-ci est regressif et arbitraire ; avec toute force, fût-elle crapuleuse et criminelle, il traitera de puissance à puissance et imposera ses conditions. Car il est le pouvoir spirituel, et il sait bien, quoiqu'il en dise, que l'esprit et le corps ne font qu'un.

Toutefois, ne nous exagérons pas sa puissance! Il est la mort, et nous sommes la Vie! La force morale est de notre côté. Lui céder, c'est-à-dire le conserver encore, serait lui sacrifier la République. Il faut choisir entre Elle et lui.

Nous sommes à une époque où, par la force des choses, tout en est à devoir changer de fond en comble. Il nous faut passer de l'autorité divine implacable à la fraternité humaine; de l'inégalité à la justice, de la force brutale à la douceur. C'est une *évolution* à faire pour continuer sainement et heureusement notre grande Révolution! Que les hommes sérieux et de bonne volonté se chargent de cette mission sublime, à la fois, énergique et délicate; ils trouveront des appuis dévoués! Pour cela, il suffit que les servants de la religion nouvelle — de la religion de l'Humanité — en soient pénétrés eux-mêmes; qu'ils ne tombent pas dans les violences qui tuèrent, pour plus d'un siècle, notre Révolution, si magnifique dans son premier essor! Il faut pour cela nous débarrasser de nos ennemis intérieurs. Il faut que le Dieu des tonnerres et des éclairs du Sinaï, le Dieu de la guerre et de l'Enfer, se retire pour toujours en son tabernacle, et cède la terre à celui qu'il a égaré et tourmenté depuis tant de siècles : l'Individu humain, le simple travailleur!

Au nom du respect de nous-mêmes, au nom

de nos enfants, dont le cerveau s'étiole et se rétrécit sous cet enseignement stupide et barbare, qui dévore l'avenir avant qu'il soit né! Pour le rachat de ce siècle, avant qu'il s'éteigne ! Pour l'honneur, la régénération et l'avenir de l'Humanité !... En hommage à l'ère nouvelle, inaugurée depuis plus de cent ans, et si longtemps retardée par eux !... Délivrons-nous du prêtre et de la superstition antique !... Fermons définitivement l'ère barbare qu'ils nous ont faite ! Abandonnons le mensonge et la mort, pour entrer enfin dans la Vie. Proclamons la religion de la Conscience humaine, et à notre tour développons-la, d'après son principe : l'individu humain ! — Et maudits soient les gouvernants pleutres et indécis, qui se réfugieraient en des considérations mesquines, et de faux prétextes, pour ne point enterrer enfin le cadavre corrompu qui nous putréfie ! Au lieu de cette crainte d'agir, qui semble dans le parti républicain la maladie énervante de la moitié du XIXe siècle, qu'ils soient fiers d'attacher leurs noms à une œuvre des plus généreuses et des plus saines !

Que toutes nos communes soient consultées pour décider si elles veulent ou non conserver le prêtre. Mais il ne s'agit pas en ceci de majorité et de minorité : le vote sera, pour chacun, nominal et personnel. — Pour les majeurs, naturellement, et pour les femmes aussi bien que pour les hommes. — Ceux qui ne voudront pas de curé seront libres. Ceux qui voudront le conserver devront subvenir à son entretien. Ce sera, suivant le nombre des persistants, quelques francs à ajouter, en particulier, à la feuille des contributions. En certains cas, *précités*, l'Etat pourrait même fournir un appoint à la somme insuffisante. On sera humain avant tout. Mais, très légitimement, on entend se débarrasser d'un culte, déjà fort délaissé, qui abaisse l'esprit de la Nation et trouble sa sécurité par des complots permanents; un culte qui n'est aujourd'hui qu'un anachronisme stupide et dangereux.

Toutefois, il y a eu pacte entre l'Etat et les prêtres, et ceux-ci se sont engagés pour la vie dans cette carrière promise. Il ne serait pas juste de leur fausser parole. On continuera donc de servir à tous les prêtres congédiés une retraite suffisante pour d'honnêtes gens, et que recevront également les évêques, archevêques et cardinaux. Mais ceux-ci seront envoyés au Saint Père, avec défense de rentrer en France. Il en sera de même de tout fanatique déclaré.

L'Eglise est un monument communal. Elle sera prêtée le dimanche, dans toutes les communes où l'on aura conservé le culte. Il y aura un jour consacré dans cette même église à l'enseignement de la morale humaine, qui depuis longtemps aurait dû alterner avec l'enseignement religieux. L'Eglise pourra servir encore à d'autres conférences, destinées à l'instruction du peuple, si longtemps négligée.

Les religieuses ne seront licenciées qu'à leur volonté, avec une petite rente viagère, ou bien elles resteront dans leur communauté (mise en régie) à charge de prendre part au travail. Il ne leur sera plus permis d'enseigner, à moins d'un diplôme comme le veut la loi ; et de plus une autre condition, générale désormais pour tout instituteur : celle du mariage. Double garantie ; d'abord, dans l'intérêt des mœurs, puis de l'éducation elle-même. Pour enseigner les enfants, ménager leur intelligence et leur sensibilité, pour toucher leur cœur, il faut les connaître et les aimer.

Il est à prévoir que beaucoup de prêtres, secrètement dégoûtés de la fonction qu'ils remplissent, et assurés d'une rente viagère, seront satisfaits de ne plus être esclaves du pape et du haut clergé. Ceux-là se rallieraient à la démocratie. Ne pas licencier les couvents de moines, sauf par extinction. Privés sévèrement de la faculté d'enseigner, ils feront la culture de leurs terres, le commerce des liqueurs et des onguents. Le gouvernement pourrait leur concéder une fabrication. Leur domaine étant en régie, ils seraient eux-mêmes surveillés. — Oui, beaucoup de surveillance, mais aussi de douceur et de liberté relative. Point de persécution, de menaces, ni d'insultes. Le pouvoir du supérieur étant atténué, ils se trouveront mieux qu'auparavant. En agissant de cette façon, on évitera bien des troubles et des dangers, et l'on arrivera peu à peu à l'extinction sans violence, de cette plaie de notre civilisation.

Les chefs seuls sont à craindre; aussi doivent-ils

être impitoyablement chassés. Il va sans dire que dès l'abord, les séminaires ont été fermés.

Guerre et superstition ! Quand ces deux fléaux auront disparu de notre terre — libérés du mysticisme oriental, des croyances divines, du mensonge et de la misère, les humains concevront l'amour et le respect de l'Humanité ! Ils dégageront facilement l'intérêt commun (l'association) qui doit les unir, détruisant du même coup les divisions qui neutralisent leurs efforts, et empoisonnent leur existence. Alors, ils aimeront la Vie et croiront en elle. Prêtres et rois d'eux-mêmes, associés, frères de travail, ils ne comprendront plus, ni les fureurs religieuses, ni la rage de régner sur ses semblables.

A. L.

ALENÇON. — IMP. VEUVE FÉLIX GUY ET Cie.

Alençon. — Imp. Veuve Félix GUY et Cie.

www.ingramcontent.com/pod-product-compliance
Lightning Source LLC
LaVergne TN
LVHW020433230826
846091LV00004B/1472

* 9 7 8 2 0 1 6 1 1 3 1 1 0 *